UNIVERSALE
ECONOMICA
FELTRINELLI

GW01086518

Simonetta Agnello Hornby è nata a Palermo e vive dal 1972 a Londra, dove svolge la professione di avvocato dei minori ed è stata per otto anni presidente del Tribunale di Special Educational Needs and Disability. Con *La Mennulara*, il suo primo romanzo, pubblicato da Feltrinelli nel 2002, è stata finalista ai premi Marisa Rusconi e dei Lettori, e ha vinto i premi "Alassio 100 libri", Forte Village, Stresa e Casino de Santiago. Feltrinelli ha pubblicato anche *La zia marchesa* (2004), *Boccamurata* (2007), *Vento scomposto* (2009, premio speciale della giuria del premio Rapallo Carige), *La monaca* (2010, premio Pen Italia 2011) e *Il veleno dell'oleandro* (2013). Ha inoltre pubblicato: *Camera oscura* (Skira, 2010), *Un filo d'olio* (Sellerio, 2011) e *La pecora di Pasqua* (Slow Food, 2012).

agnellohornby.it

Maria Rosario Lazzati, milanese, racconta la sua esperienza culinaria, sia in famiglia sia come insegnante di cucina, e suggerisce un nuovo modo di fare la spesa e dispensa piccoli trucchi del mestiere; ricorda la celebrazione dei cent'anni di un'anziana zia, trent'anni dopo la sua morte, attraverso la riproposta del suo "menu delle feste".

SIMONETTA
AGNELLO HORNBY
MARIA ROSARIO
LAZZATI
La cucina
del buon gusto

© Giangiacomo Feltrinelli Editore Milano
Prima edizione in "Varia" febbraio 2012
Prima edizione nell'"Universale Economica" aprile 2013

Stampa Grafiche Busti - VR

ISBN 978-88-07-88123-7

Le citazioni dalla *Fisiologia del gusto o Meditazioni di gastronomia trascendente* di Jean-Anthelme Brillat-Savarin sono tratte dall'edizione Slow Food (Bra 2008), per la quale è stata riveduta e corretta la traduzione di Dino Provenzal originariamente pubblicata da Rizzoli nel 1955.

| **www.feltrinellieditore.it**
| Libri in uscita, interviste, reading,
| commenti e percorsi di lettura.
| Aggiornamenti quotidiani

IL RAZZISMO
È UNA
BRUTTA STORIA.
razzismobruttastoria.net

La cucina del buon gusto

A Jean-Anthelme Brillat-Savarin

Perché continuiamo a cucinare?

> [La gastronomia] ci sostiene dalla culla alla tomba, aumenta le delizie dell'amore e la confidenza dell'amicizia, disarma l'odio, agevola gli affari e ci offre, nel breve corso della vita, la sola gioia che, non essendo seguita da stanchezza, ci riposa perfino da tutte le altre!
>
> JEAN-ANTHELME BRILLAT-SAVARIN, *Fisiologia del gusto o Meditazioni di gastronomia trascendente*, Meditazione III, p. 58.

Oggi non abbiamo più bisogno di cucinare, né di sapere come si fa. I cibi pronti sono pasti completi, sempre appetitosi, spesso economici, per tutti i gusti e le disponibilità. Basta riscaldarli per servirli direttamente nel piatto o consumarli in ufficio, sulla panchina di un parco o in metropolitana. Si adattano perfettamente alla fretta, alla velocità e alla solitudine del nostro tempo.

Paradossalmente, proprio quando non è più indispensabile saper cucinare per mangiare bene – sia in casa, sia fuori –, veniamo incoraggiati a preparare manicaretti da una moltitudine di programmi televisivi, rubriche radiofoniche, articoli e libri rispettivamente condotti e scritti da cuochi ormai diventati celebrity milionarie, a cui tutto è permesso: scatti d'ira, sgarbi e perfino turpiloquio. Gli show gastronomici restano un piacevole intrattenimento e sono in molti a sostenere che cucinare è una perdita di tempo: bisogna adeguarsi ai tempi e sfruttare i vantaggi offerti dalla modernità. Le vendite dei piatti confezionati, surgelati e in scatola aumentano costantemente.

Cucinare in modo costante *non è* una perdita di tempo. I cibi pronti sfamano ma smarriscono, perché sono preparati

11

da altri, con modalità e ingredienti ignoti, che non ci apparten-tengono. Per apprezzare una minestra in scatola o un piatto di pasta congelato non basta sapere esattamente cosa contiene: il risultato finale è diverso dalla sommatoria degli ingredienti scrupolosamente elencati sulle confezioni, e spesso delude perché contiene un sapore inaspettato e indecifrabile, a volte artefatto.

Perché continuiamo a cucinare?

Per mantenere la libertà e il potere di creare quello che vogliamo e che ci piace, con gli ingredienti scelti da noi, per deciderne l'uso, controllarne la cottura e gli abbinamenti; per pianificare le portate del pranzo e il loro ordine, per scegliere i vini che le accompagneranno. Mentre il cuoco prepara le pietanze è sovrano assoluto della cucina.

Per recuperare l'antica abilità di trasformare gli ingredienti in cibo, una tecnica che ha plasmato la nostra evoluzione ed è ormai insita nella natura umana. Unici tra le specie, abbiamo sviluppato la preparazione e la cottura degli alimenti; e attraverso l'invenzione della cucina abbiamo cambiato la nostra storia culturale e sociale. I piatti imparati dalle nostre madri – quelli che cuciniamo sempre e con piacere, che ci mancano quando ci allontaniamo da casa – hanno una storia più grande della famiglia e della regione di provenienza e sono il risultato di invenzioni ed esperimenti millenari che hanno modificato la nostra dieta, i nostri gusti e la nostra vita.

Perché cucinare è uno sfogo – di rabbia, energie represse, dolore nascosto: sbattere la pasta della brioche sul marmo, ritmicamente e con violenza, tagliare rape o barbabietole crude, schiacciare mandorle e noci, strappare le foglie dei carciofi, pestare e ridurre in polvere nel mortaio le spezie preferite, tritare il prezzemolo con un coltellaccio.

Cucinare è il legame benefico con la natura attraverso la scelta e la preparazione degli ingredienti.

La consapevolezza di quello che si cucina, del perché lo si cucina e per chi, dà godimento e appaga i sensi: dalla scelta degli ingredienti alla preparazione della tavola, dall'abbinamento delle portate all'accompagnamento dei vini.

Cucinare ci fa sentire umani.

Simonetta Agnello Hornby e Maria Rosario Lazzati

Lettera a Jean-Anthelme Brillat-Savarin

Caro Professore,

mi permetto di chiamarvi così, e non Vostra Eccellenza – come sarebbe giusto chiamare un giudice della Corte di Cassazione del regno di Francia –, perché voi stesso avete indicato nei vostri scritti che così preferite, e a buon motivo: in una società civile e laica come quella a cui voi e io apparteniamo, il rapporto tra maestro e discepolo è l'apice della relazione tra esseri umani.

Di voi sapevo poco e nulla: "savarin" per me era il nome di uno stampo rotondo di rame con un buco centrale, mai usato a casa nostra – lo ricordo bene perché nel riposto era appeso sempre allo stesso chiodo e mi incuriosiva. "Lo ha inventato un cuoco francese," mi aveva spiegato, vaga, mia madre. Poi, un mercoledì dell'aprile scorso, nella biblioteca del Reform Club, a Londra, adocchiai su un tavolo un volumetto rilegato in marocchino, *La Physiologie du goût ou Méditations de gastronomie transcendante*. Lo presi in mano e si aprì alla prima pagina.

"Aforismi del Professore per servire da prolegomeni alla sua opera e di base eterna alla scienza."

Il mio primo pensiero fu: la solita, pomposa arroganza gallica! Eppure qualcosa mi affascinava, e lessi oltre.

"L'universo esiste soltanto per la vita e tutto ciò che vive si nutre."

Una verità trita e lampante, e così il secondo:

"Gli animali si pascono, l'uomo mangia, solo l'uomo di spirito sa mangiare".

Irritata, borbottai: "Solo l'uomo di spirito, non il bracciante!".

Il bibliotecario entrava dalla porta in fondo alla stanza e si fermò. Scrutava in lungo e in largo per capire da dove venisse quella voce, poi il suo sguardo si fermò su di me. Non mi mossi, imbarazzata e fumante contro di voi, Professore, degno rappresentante dell'oscurantismo della Restaurazione e del culto dei ristoranti che negli anni venti dell'Ottocento aveva preso piede a Parigi, capitale europea della gastronomia.

"Il destino delle nazioni dipende dal modo in cui si nutrono."

E poi: "Dimmi quello che mangi e ti dirò chi sei".

Laburista inveterata, accettavo la saggezza del terzo e del quarto aforisma. Le carestie che allora affliggevano l'Europa e la cultura del cibo condizionavano il popolo e il futuro delle nazioni. Mi sembrava adesso di capire il carattere sui generis e politico della vostra opera, e continuai a leggere.

"Il Creatore, obbligando l'uomo a mangiare per vivere, ve lo invita per mezzo dell'appetito e lo ricompensa per mezzo del piacere."

Altro che politica!

"Il buon gusto è un atto del nostro giudizio con il quale noi diamo la preferenza alle cose che sono piacevoli al gusto su quelle che non hanno tale qualità."

E ancora, il settimo aforisma:

"Il piacere della tavola è di tutte le età, di tutte le condizioni, di tutti i Paesi, e di tutti i giorni, può associarsi a tutti gli altri piaceri e rimane per ultimo a consolarci della loro perdita".

Fu un colpo di fulmine, Professore. Voi mettevate l'uomo e la sua legittima ricerca del piacere al centro dell'universo, e il piacere – inteso nel mio Cristianesimo come una trasgressione, particolarmente quello dei sensi e quello della gola, peccato capitale – è la ricompensa per sopravvivere. Mi insegnavate il significato e il godimento del cibo, della tavola e del convivio senza sensi di colpa.

Lessi in fretta gli altri aforismi – regole di buon gusto, prescrizioni sull'ordine delle vivande e dei vini, sul comportamento al convito –, e infine l'ultimo: "Invitare una persona è occuparsi della sua felicità durante tutto il tempo che essa passa sotto il nostro tetto". Esattamente quello che mia madre aveva sempre praticato come padrona di casa, e che aveva insegnato a me.

Il piacere della tavola, dicevate, si raggiunge attraverso il rispetto di norme semplici e di buon senso, che però non avevo mai considerato nel loro insieme: la stanza dev'essere tiepida e ben illuminata, la tovaglia pulitissima, i cibi scelti ottimamente ma in numero limitato, i vini di prima qualità, e non devono esserci più di dodici persone sedute a tavola, di professioni diverse, che si conoscano tra loro. Lo svolgimento del pasto dev'essere pacato, essendo l'ultima faccenda della giornata. Come i viaggiatori che arrivano insieme alla meta comune, i commensali dovrebbero essere trattenuti a tavola dalla piacevolezza della compagnia e ravvivati dalla speranza che la serata riserverà ancora una lieta sorpresa. E, prescrittivo, che la cena duri fino alle undici, ma che a mezzanotte siano tutti a letto. E che non si lasci mai la tavola satolli o appesantiti, ma con un pizzico di fame.

In verità, caro Professore, in tutto questo ruotare attorno ai sensi mi accorgo che le mie investigazioni e le vostre sembra ci portino oltre, a interrogarci sui diritti di cittadinanza di un senso nuovo. L'innovazione straordinaria della vostra opera è che voi aggiungete ai cinque conosciuti – ol-

fatto, gusto, udito, tatto e vista – un altro senso: "Come il gusto, eccitato dall'appetito e dalla sete, ci procura maggiori
godimenti attraverso il piacere della tavola, così gli organi
destinati alla conservazione della specie costituiscono un sesto senso: *le génésique* o *l'amour physique*". Tutto a un tratto, le mie sensazioni da bambina e da adolescente avevano
un significato chiaro e mi spiegavo la molle dolcezza dei ri-
posi pomeridiani. Questo frullare dentro di me delle sensazioni di piacere del cibo, dei colori e degli odori della tavola mi spingeva verso un mondo del sentire anche più vasto
di quello che voi chiamate *le génésique*. Grazie a voi, il mio
rapporto con la cucina, il cibo e il buon gusto – che implica
moderazione – non ha più ombre, ed è semplicemente gioio-
so. Ma voi intendevate accedere alla sensualità più piena, tra
esseri umani, non è vero?

Ho spulciato il volume per trovare elementi che vi riguardano direttamente. Voi, che vi dichiarate appartenente a
"un'altra parrocchia", amate la compagnia sia degli uomini,
sia delle donne; il vostro appartamento parigino "per niente
elegante" è pieno di gessi antichi, quadri e oggetti raccolti nei
vostri settant'anni di vita, e non vi vergognate di cucinare con
le vostre proprie mani – il cuoco non è meno importante del
giurista e del filosofo. Apprezzate la compagnia e l'ospitalità
degli umili come dei ricchi, preferite una tavola semplice e di
poche portate, e quando eravate rifugiato negli Stati Uniti vi
siete adeguato totalmente alle abitudini del luogo, per rispetto
del paese che vi ospitava. Siete un uomo senza rancore, che
chiaramente ama la vita e se la gode in pieno.

La saggezza dei vostri detti non si è diluita nel tempo; ma
i tempi sono cambiati, caro Professore. Oggigiorno, spesso
non soltanto non si cucina ma si compra cibo già cotto e si
consumano i pasti da soli, in casa come al ristorante o al bar.
La cultura della tavola si è ristretta, la famiglia è nucleare e
quando si mangia insieme non sempre si condivide lo stesso

cibo. Prendiamo l'obesità – sia delle donne, sia degli uomini –, che nel 1825 era presente tra i ricchi ma non tra i poveri che dovevano "lavorare per mangiare". Oggi è esattamente il contrario: il basso costo dei farinacei e dei grassi ha aumentato l'obesità degli indigenti. In quanto alla magrezza, voi dite che non è un gran male per gli uomini ma è una disgrazia per le donne, "per loro la bellezza conta più della vita e consiste nella rotondità delle forme e nell'eleganza delle curve". La "disgrazia" delle vostre contemporanee oggi è diventata bellezza canonica, e causa di crescente anoressia. È ironico che, mentre ai vostri tempi l'abbondanza del cibo marcava uno scatto sociale, oggi la cultura alimentare del privilegio porta a pranzi striminziti seppur costosi. E prendiamo le intolleranze alimentari e le diete. Se non sono in aumento, di sicuro se ne parla di più e senza imbarazzo; talvolta, perfino con una certa fierezza. I commensali ne informano l'anfitrione e si aspettano che questi si adegui alle loro esigenze. Ma spesso sono gli stessi padroni di casa che, al momento dell'invito, si sentono in dovere di chiedere: "Cosa non mangiate?". Risultato: il convito si frammenta, i commensali non condividono un menu ben calibrato e la conversazione sul cibo non coinvolge tutti. Alcuni hanno pietanze diverse, spesso deliziose, di cui gli onnivori sono privati.

Da questo marasma alimentare ci salva soltanto il buon gusto, che permea l'intera vita degli esseri umani – e non solo –, mentre disciplina fame e ingordigia attraverso le buone maniere e un'alimentazione equilibrata. Il buon gusto che voi avete analizzato e descritto magistralmente.

Grazie, caro Professore.

Simonetta Agnello Hornby

La cucina della memoria

di

Simonetta Agnello Hornby

1.

Una cucinata

Partivo per la Francia, lasciavo gli Stati Uniti dopo tre anni di soggiorno, e ci ero stato tanto bene che tutto quello che domandai al cielo (e mi ha esaudito) in quei momenti di commozione che precedono la partenza fu di non essere più infelice nel mondo antico di quel che non fossi stato nel nuovo.

Questa fortuna io la dovevo principalmente al fatto che, appena arrivato fra gli Americani, parlai come loro, mi vestii come loro, mi guardai bene dall'avere più spirito di loro e mi piacque tutto quello che essi facevano; pagando così l'ospitalità che trovavo tra loro con una condiscendenza che credo necessaria e che consiglio a tutti coloro che potrebbero trovarsi in una situazione simile.

JEAN-ANTHELME BRILLAT-SAVARIN, *Fisiologia del gusto o Meditazioni di gastronomia trascendente*, Varietà, pp. 311-312.

Gli ottoni e i legni di *Così fan tutte* incalzavano; alzai la testa e guardai lontano, come se fossi a teatro. Un fascio di sole penetrava nell'angusto passaggio tra i palazzi vittoriani e colpiva i disegni dei nipotini attaccati con i post-it sulle ante dell'armadio dei bicchieri; la lama del coltello cadeva sul cetriolo sbucciato, seguendo il tempo di *La mia Dorabella capace non è...* Preparare i sandwich con il cetriolo è una sfida da cui non mi tiro indietro, pur sapendo che il successo è improbabile. Ci vuole un tocco squisitamente britannico per preparare un tramezzino al cetriolo, accompagnamento de rigueur del tè pomeridiano e suo perfetto complemento. Ce la mettevo tutta: si festeggiava il primo compleanno di Oliver, il nipotino più piccolo, e quel pomeriggio avrei offerto il tè alla famiglia Hornby allargata – consuoceri, seconde mogli, compagni, zii e padrini del festeggiato. Sul tagliere di legno, spalmate di uno strato uniforme di burro – l'avevo tirato fuori dal frigorifero la sera prima –, le fette di pane a cassetta bianco e di farina "forte" aspettavano pazienti: disporvi sopra le ruote di cetriolo, una sull'altra, era un lavoro delicato e non adatto alle mie dita frettolose, appena ne completavo una tiravo un sospiro di sollievo. Poi, un pizzico di sale, una spolverata di pepe bianco e coprivo con un'altra fetta di pane imburrato. L'ultima operazione era la più difficile: premendo appena il palmo della mano sul sandwich, con un coltello a lama larga dovevo staccare la crosta dai quattro lati e poi dividere il quadrato in quattro triangoli identici, senza fare scivolare fuori il cetriolo. Era vitale che ciascun triangolo fosse tenuto insieme dal ripieno e non dalla pressione delle mani, e che non si spappolasse al primo tocco: un tramezzino schiacciato si trasforma in una poltiglia immangiabile – lo sapevo bene, mi era capitato tante volte.

Nei primi mesi in Inghilterra avevo evitato di invitare per il tè. Non volevo prepararlo all'inglese, volevo farlo a modo mio, come in Sicilia. Un tè leggero, servito con le fettine di limone e accompagnato soltanto da dolci: una torta di frutta fresca o secca – le versioni sicule del plum-cake –, o una crostata, oppure un dolce al cioccolato farcito di una crema pasticciera alleggerita dalla chantilly e coperto di zucchero a velo, e, nelle occasioni speciali, la torta di noci e panna. Tutti comunque scrupolosamente preparati in casa, accompagnati da un vassoio di sfoglie zuccherate e di paste piccine piccine, di quelle che si inghiottono in un boccone, comprate in pasticceria. Cedetti ben presto: era cortese adeguarmi alle abitudini, anche culinarie, del popolo con cui avevo scelto di vivere. Superata la mia resistenza all'accoppiamento del salato con il tè dolce, trovai che il tè inglese era squisito e i sandwich davvero ottimi, tutti: con il cetriolo, il cheddar, il prosciutto, il pollo, il roast-beef, la pasta di acciughe, il salmone affumicato, l'uovo duro e le erbette.

Avvolsi in un panno di lino bianco il piatto su cui avevo disposto i sandwich e lo misi nel frigorifero. Poi bevvi il resto del caffè, ormai tiepido, e accesi la luce: il sole ora batteva sui mattoni rossi del palazzo di fronte. Ero pronta per preparare la torta di noci. Seguivo automaticamente la routine di mia madre, che sempre cominciava dalla fine, scegliendo il piatto su cui avrebbe servito la torta: la sua grandezza, che dipende dal numero di ospiti, indicherà se c'è bisogno di una dose o di una dose e mezza – di più non verrebbe bene, meglio allora preparare due torte. Dopo avere scelto e messo da parte in un piattino tredici gherigli interi e della stessa misura, da usare per la decorazione, si prendono le ciotole, le fruste per montare gli albumi e quelle per sbattere tuorli e zucchero e gli altri utensili. All'ultimo, si pesano gli ingredienti. Mi guardai intorno. La cucina del mio appartamento ad Ashley Gardens era moderna e arredata con pensili dagli sportelli bianchi; non ricordavo dove avevo ficcato la ciotola d'acciaio che entrava nel freezer, in cui avrei montato e tenuto al freddo le chiare prima di aggiungerle all'impasto. Aprivo e chiudevo le ante, cercando la maledetta ciotola e rimpiangendo gli scaffali a vista della cucina della vecchia casa di Dulwich. Trovata la ciotola, l'ultimo compito: imburrare la teglia, versarvi una cucchiaiata di zucchero e scuoterla per fare attaccare bene al fondo e ai bordi uno strato di zucchero leggero e uniforme – a cottura avvenuta, avrei staccato la torta dalla teglia con un coltello a lama piatta e la cucina si sarebbe riempita del profumo croccante della pasta di noci con un delizioso nonnulla di caramello.

Finalmente, sui ripiani e sul tavolo di lavoro c'era tutto l'occorrente, dagli ingredienti alle fruste. Guardai in alto: sulla parete di fronte, due pale di carretti siciliani; una era decorata con melodrammatiche scene dalla *Gerusalemme liberata* in paesaggi densi di fiumi, monti, castelli, ponti, torri e stendardi, l'altra rappresentava una florida Salomé – ombelico ben in vista sulla pancia molle – che al suono dei mandolini ancheggiava dinanzi a un Erode dai capelli corvini e dalle labbra avide. La terribile madre osservava compiaciuta, mentre le ancelle pavide si ritraevano, inorridite. Naïf e grotteschi, quei dipinti trasudavano la gioia di vivere e di conoscere il mondo dell'ignoto pittore palermitano.

Non siate ritrosi riempiva la casa e mi ricordava lo sguardo dolcissimo, ora sognante, ora ironico, del minuscolo Oliver. Accanto a me, sul tavolo, il quaderno delle ricette – scritto a mano e completo di indice, che mia madre mi aveva infilato nella borsa proprio nel momento in cui, sposina ventunenne, lasciavo casa per andare a Boston – era aperto a pagina 3. La scritta *Torta con le noci* era illeggibile, tanto scolorito era l'inchiostro, e la carta era piena di ditate unte: quello sì che era un dolce di casa nostra!

Ripetevo i gesti di mia madre anche nel pesare gli ingredienti, nell'agevolare con un cucchiaino da caffè il passaggio del pan grattato attraverso la fitta rete del colino di metallo, nella scelta dei gherigli per la decorazione, nel grattugiare le noci con mano leggera, per non farne uscire l'olio. E poi nel battere i tuorli con lo zucchero fino a ottenere una consistenza di panna dorata, e nel montare gli albumi a neve. Quando tutti gli ingredienti erano amalgamati, al momento di versare il soffice impasto nella teglia già imburrata e inzuccherata, mamma aggiungeva un cucchiaio di rum. "Lo fa montare meglio," diceva, inalando il denso profumo del liquore; poi, velocissima, con pochi ampi colpi di paletta mescolava il tutto e infilava la teglia nel forno caldo. Soltanto allora si prendeva un momento di riposo: si sedeva al tavolo, accaldata, si scostava con il dorso della mano i capelli che le spiovevano sulla fronte e si rassettava il grembiule. Era il momento di controllare di nuovo i gherigli per decorare la torta; li prendeva a uno a uno e li osservava, poi li accoppiava e li disponeva uno di fronte all'altro in perfetta simmetria lungo il bordo di un piatto grande come la torta, né più né meno, e dunque scelto con grande cura. Il gheriglio più bello sarebbe andato al centro della superficie coperta di panna montata. Mamma riusciva sempre a tenere da parte abbastanza gherigli spizzicati per noi. "Prendi," diceva, porgendo un pezzetto di noce a ciascuno dei bambini grandi – Gaspare, Maria e io –, e poi imboccava lei stessa i più piccini: Chiara, Gabriella e Silvano. Solo allora prendeva l'ultimo, che aveva tenuto da parte per sé: il più piccolo.

Anch'io avevo tenuto un pezzo di gheriglio per me. *Fra gli amplessi in pochi istanti* cantava Fiordiligi, e io, masticando, sapevo di aver raggiunto il mio nirvana. Ero stanca, ma contenta.

Uno squillo. Margaret, la mia segretaria, mi ricordava che il giorno seguente sarebbe venuta a pranzo.

"Certo," risposi. Assaporavo ancora il gusto oleoso dei pezzi di noce.

"Stai mangiando?" A Margaret non sfuggiva niente.

Le spiegai che stavo preparando il tè di Oliver e le assicurai che non avevo dimenticato il nostro lunch, anzi, avevo comprato tutto il necessario per il pâté di melanzane e la zucca fritta, che le piacciono tanto. "Ricordati che stiamo invecchiando, e che non sei povera," fu il suo commento. "Dovresti smetterla di stare tanto tempo in cucina: fai come me, io ormai compro cose ottime dal salumiere, in pasticceria e perfino al supermercato! Chi te lo fa fare di cucinare?"

Cucinare è il piacere di prendersi cura dei propri cari, trasformando il cibo in pasto per la famiglia. Cucinare per gli altri è un istinto antico e un ruolo tradizionalmente femminile: era la donna che svezzava i figli, che sceglieva i cibi più salutari, che inventava nuovi sapori, che cucinava per tutta la famiglia quanto cacciato o raccolto nei campi dagli uomini; era lei che si ingegnava a sfamare tutti nei tempi magri. Oggi, uomini e donne lavorano e i ruoli sono intercambiabili: cucinare non è più un dovere ma mangiare resta una necessità quotidiana.

Cucinare le ricette di casa è sentirsi vicini alla propria famiglia e parte della sua storia. Chi vive lontano dal paese d'origine prova un senso di appartenenza quando condivide un piatto casalingo con la famiglia o con gli amici, ma anche se lo consuma da solo.

Cucinare distrae dalle preoccupazioni e placa l'ansia. Preparare una minestra spezzettando le verdure con un coltello pesante e affilato; impastare le polpette – tutte della stessa grandezza, così cuociono uniformemente – e sistemarle in fila su un vassoio; modellare i biscotti e disporli sulla placca da forno sono gesti che assorbono l'attenzione e liberano la manualità, come il gioco del bambino. E consolano con un risultato concreto.

Gli ultimi invitati erano già in ascensore. Avevo la serata tutta per me, e sarebbe stata decisamente piacevole. Il tè inglese, oltre a essere ottimo, ha un ulteriore ed enorme pregio: dura al massimo due ore, al contrario del Sunday lunch – il pranzo domenicale –, che ingloba il tè del pomeriggio e certe volte anche una cena anticipata. Quando gli ospiti sono andati via, mi piace passare in rassegna la casa mentre rassetto: sparecchio e mi compiaccio di aver tolto la piega alle tovaglie con una veloce pressione del ferro caldo direttamente sui tavoli – quello da pranzo e quelli di appoggio – coperti dal mollettone, come mi ha insegnato mia madre; passo in rivista l'abbinamento dei fiori e dei servizi di piatti; noto e memorizzo gli errori da non ripetere. Come se riavvolgessi la pellicola di un film, ripasso il poco che è stato detto e il tanto che è stato trasmesso con gesti, espressioni, movimenti del corpo, che negli inglesi sono impercettibili ma molto eloquenti. Raccogliendo piatti e bicchieri osservo cosa è stato mangiato o bevuto e cosa invece è avanzato, dunque da offrire con maggiore abbondanza o da non riproporre più, e rivivo gli episodi non sempre piacevoli della serata.

Le riunioni di famiglia sono spesso focolai di dissapori e sgradevolezze ben celate, se non di veri e propri litigi più o meno contenuti. Invece il tè di Oliver era andato nel migliore dei modi, e io mi ero comportata bene anche con la moglie del mio ex marito, ospite tollerata e assidua alle feste di famiglia sia in Inghilterra, sia in Sicilia, in casa di mia madre. Lei si disobbliga invitando a pranzo mamma, quando viene a Londra da me, in casa loro – magnifica, mi dicono tutti, con un grande giardino e uno stagno con un isolotto nel mezzo. Curiosissima, io spasimo per vederla. Ma non c'è modo di essere invitata: il mio ex marito me lo aveva detto chiaro e tondo, "Non ti vuole in casa sua". E una volta mamma mi aveva persino rimproverata: "Dovresti prenderlo come un complimento". Fatto sta che, ogni volta che loro due oltrepassavano la soglia di casa, mi saliva l'acido in bocca.

Anche quel pomeriggio l'avevo trattata con la cortesia e il rispetto che le toccavano. Alzai il suo piattino: la porcellana fiorata era lucida, nemmeno una briciola della torta di noci. "Mangia tutto e di tutto," borbottavo, "forse non sa che è il frutto del lavoro delle mie mani!" Mi pentii subito della mia piccineria, ma non riuscivo a smettere di pensarci. Forse anche lei, come Margaret, comprava già pronto il cibo per gli ospiti. Margaret era saggia, avrei dovuto seguire il suo consiglio. Ma c'era un grosso "ma". A casa nostra non si è mai ricorso a cuochi esterni per i ricevimenti; da quando vivo all'estero ho seguito automaticamente l'esempio di mia madre, senza mai metterlo in discussione. Quella mattina però, invece di affaccendarmi in cucina, sarei potuta andare alla Tate Gallery, e poi a far visita alla mia amica Eve, nella casa di riposo. Boh, mi dissi, al prossimo compleanno ci proverò.

Come quando si fa ginnastica l'ultimo quarto d'ora è dedicato a movimenti lenti per defaticare, così sparecchiare, riordinare la casa vuota e rigovernare sono importanti riti di passaggio che ristorano, anziché stancare. Mi piace lasciare il salotto e la sala da pranzo in ordine, sedie e poltrone con i cuscini gonfi e le fodere ben tirate, e gli oggetti, spostati per ricevere i vasi di fiori, di nuovo al loro posto. Ma il lavoro che preferisco in assoluto è lavare a mano quello che non può andare in lavastoviglie: le porcellane "buone", i coltelli di antica manifattura con il manico di osso incollato e non saldato e i pezzi "grossi" del tè – la teiera di porcellana e quella d'argento, che contiene l'acqua calda usata per diluire il tè troppo forte, la zuccheriera con le pinze per le zollette, la brocca del latte freddo, il colino con l'apposito cestello e una strana coppa bassa e larga in cui la padrona di casa versa il tè avanzato nella tazza prima di riempirla di nuovo con quello caldo e fragrante. Lavo a mano anche l'infinito campionario di posate ottocentesche consegnatomi da mia suocera: forchette a tre denti che non ho mai saputo con precisione a cosa servano, con l'ultimo dente lamato; cucchiai di tutte le forme e grandezze, per la marmellata da spargere sugli scone e sui crumpet, per i frutti di bosco, i pudding e le varie creme della cucina inglese; coltelli da dolce, da formaggio, da pesce, da carne; e poi, per servire, pale e palette sbalzate, incise, decorate con disegni geometrici e perfino paesaggi.
Fatta la lavata, si passa a conservare i resti: è il momento di mangiare quello che è "venuto male" o è stato dimenticato. Sgranocchio i bastoncini di carota imperfetti. Stacco con una lama larga le salsiccette incollate alla teglia insieme al ca-

ramello che gli si è formato attorno, le intingo nella senape e le divoro. Lo scone lasciato nella teglia perché bruciacchiato e irregolare, spalmato di marmellata di fragole e con sopra una noce di panna densa diventa irresistibile: in due bocconi è finito. Tutto questo mi sarebbe negato, se comprassi il cibo già pronto.

Non ho intenzione di rinunciare alla gioia di cucinare in casa, e nemmeno all'esercizio di lavare, pulire e rassettare dopo che gli ospiti se ne sono andati. Anche questi sono piaceri.

2.

"Non di solo pane"

I. L'universo esiste soltanto per la vita e tutto ciò che vive si nutre.
II. Gli animali si pascono, l'uomo mangia, solo l'uomo di spirito sa mangiare.
III. Il destino delle nazioni dipende dal modo in cui si nutrono.
IV. Dimmi quello che mangi e ti dirò chi sei.

JEAN-ANTHELME BRILLAT-SAVARIN, *Fisiologia del gusto o Meditazioni di gastronomia trascendente*, p. 23.

Secondo un antico detto, "non di solo pane vive l'uomo". È una grande verità. Ma la panificazione, nata circa quattromila anni fa, è l'emblema della nostra civiltà. Non solo il pane è il cibo più buono che io conosca – appena uscito dal forno e intinto nell'olio d'oliva, con un pizzico di sale e uno di pepe, è ineguagliabile –, ma è stata la coltura dei cereali a spingere i nostri antenati nomadi a scegliere la vita sedentaria, da cui sono nate le prime comunità. Semina, mietitura, trebbiatura e molitura del grano non possono essere il frutto del lavoro di una persona soltanto, e così è anche per la panificazione. Il pane è sociale. Metaforicamente e no.

Il pane è fatto per essere tagliato, offerto, diviso, condiviso. A tavola non si può non pensare agli altri commensali, a chi è accanto o di fronte a noi, e a passare loro il cestino del pane. Da Palermo a Milano i panettieri modellano una forma di pane piccola e rotonda, la rosetta o michetta, simile alla rosa Tudor: corolla centrale e petali della stessa grandezza. Mia madre, sempre attenta, quando si accorgeva che sul mio piatto di verdura bollita era rimasto dell'olio e limone, o del sughetto, staccava un petalo di pane e me lo porgeva discreta.

In Sicilia si dice che la tavola priva di pane "piange": non c'è convivio, né allegria.

Il precursore del pane, il chapati, un pane azzimo, è nato in India. Tuttora, le donne indiane mischiano piccole quantità di acqua e farina – talvolta anche un pizzico di sale – e le lavorano in una massa lucida ed elastica; poi ne prendono una grossa noce e la spianano con un matterello o a forza di pollici, infine la cuociono su ambo i lati sopra una lastra di ferro infuocata: il chapati cuoce subito, croccante all'esterno e soffice all'interno, si strappa e si usa come una posata per raccogliere il cibo e portarlo alla bocca. La procedura è identica a quella delle loro antenate, che però cuocevano queste schiacciate sulla cenere o sulle pietre roventi.

Il pane lievitato è il prodotto del connubio tra la fermentazione del lievito, una delle più antiche e diffuse applicazioni della microbiologia, e un'opera d'ingegneria: la creazione di forni di creta o di mattoni in cui la cottura avviene a temperatura costante e controllata; discende dai naan, che tuttora ricordano la forma della mano della donna che cuoceva il naan appiccicandolo sulle pareti interne di una giara di terracotta dal fondo coperto di braci incandescenti. Tutte le culture mediterranee e mediorientali si attribuiscono l'invenzione del pane. A me piace la saga di Gilgamesh, l'eroe mesopotamico per tre quarti divino, che quattromila anni fa ebbe svelato il segreto della manifattura del pane da una donna – una prostituta, secondo la tradizione, ma probabilmente anche maga, di certo benefattrice dell'umanità. E mi piace pensare che sin da allora la donna abbia avuto il ruolo di lavorare la terra e seminarla, di raccogliere e molare il grano e poi di trasformarlo in pasto digeribile, mentre gli uomini lavoravano i metalli, costruivano, cacciavano. La panificazione, per millenni esclusivamente femminile, racchiude in sé qualcosa di magico e di sacro presso tutti i popoli. Non a caso il lievito naturale, la biga, è chiamato in Sicilia "pasta madre" o "crescenti". Lo conservavano la fornaia – uno dei pochi mestieri a cui le donne della Sicilia orientale accedevano con una certa libertà – e le massaie in campagna. Non è altro che un impasto di farina e acqua, acidificato da un complesso di lieviti e fermenti lattici capaci di avviare una fermentazione che produce acidi organici. Il pane fermentato è più digeribile e dura più a lungo.

Ogni pasta madre è usata interamente per una panificazione; se ne ottiene una nuova prendendo una piccola parte dell'impasto, che sarà conservata al fresco e tenuta ben umida, fin quando non fa la crosta. Alla prossima panificazione, quella pasta inacidita, trasformata in crescenti, farà lievitare il nuovo pane. La tradizione siciliana imponeva l'obbligo di distribuire il crescenti ad altre donne che panificavano, senza chiedere compenso, e di non rifiutarlo mai, nemmeno alle estranee: il pane è vita, negarlo sarebbe stato come condannare qualcuno alla morte. Oggi la pasta madre, detta anche "madre acida", è usata industrialmente nella preparazione di dolci come il panettone e di alcuni pani come quello nero di Castelvetrano, in Sicilia.

Dovunque vado, se mi è permesso entro nelle cucine e nei forni per osservare e conoscere una cultura dal proprio crogiolo: il posto in cui si fa il pane. Mi sento a casa mia, sorella delle cuciniere: visi neri, scuri, olivastri, rosati, mani impegnate in gesti rituali e sincronizzati – ora veloci, ora lenti –, lo sguardo attento per non sporcarsi e non sporcare le altre. Impastano, modellano, infornano. Le donne panificano seguendo uno spartito tramandato nei secoli di madre in figlia. È uguale nel mondo. Mealie mealie, chapati o pane che sia, la ritualità e i movimenti delle donne africane, indiane ed europee sono un tutt'uno: si concentrano, come la lattaia di Vermeer, nel versare l'acqua sulla farina, dosano il sale e lo spargono nel buco, già pieno di acqua, sul monticello della farina. Si sgomentano se un pezzo di pasta cade per terra. E danno una veloce, tenerissima carezza finale alla pagnotta pronta per la lievitazione, prima di posarla sotto la coperta – come se accarezzassero la guancia di un bambino.

Oggi abbiamo perduto nozioni e sensazioni del nostro non lontano passato, soprattutto per quanto riguarda l'origine, le diverse qualità e la conservazione delle materie prime. I giovani non hanno idea di come si coltivi o si raccolga il grano, anche se hanno visto le distese dei campi dal finestrino di un treno o dell'automobile, o magari in un quadro. Non sanno riconoscere una spiga matura da una altrettanto gialla ma non ancora pronta, non sanno come si mieteva, si trebbiava e si svecciava prima dell'avvento della mietitrebbia, come si molano i chicchi di grano per farli diventare farina. Non hanno idea di quante varietà esistano di semola e di farina e dei loro diversi usi. Parlano di grano duro e di grano tenero senza sapere veramente qual è la differenza. Per tanti, l'esperienza dell'impastare si riduce alla pizza fatta in casa con tutti gli ingredienti impacchettati nella scatola di cartone presa dallo scaffale del supermercato.

Ricordo mia madre, quando ero bambina. Tirava fuori dalla madia vari sacchetti di farina – li aveva cuciti lei stessa con una stoffa resistente a quadrettini rossi – e assaggiava la farina per verificarne non il gusto ma la consistenza, e scegliere così la più adatta per preparare la pastella in cui avrebbe immerso gli anelli di cipolla e i fiori di cavolfiore prima di friggerli nell'olio caldo; cercava l'angolo più fresco della stanza per riporvi il mazzo di basilico immerso in poca acqua – il contatto con le foglie "le brucia" diceva, – non diversamente da come, migliaia di anni prima, la donna neolitica lo aveva nascosto in un umido anfratto della caverna. Mamma sosteneva che mia sorella Chiara e io dovevamo conoscere la cucina e il riposto, e saper fare tutti i lavori che si fanno in una casa: soltanto allora avremmo acquisito la capacità e l'autorevolezza per mandarla avanti. Spiegava come conservare i legumi in grandi sacchi – le minestre ci avrebbero nutrito tutto l'inverno –, e come e dove appendere i festoni di salsicce tra gli scaffali; ci insegnava a scegliere posti ben ventilati per stagionare i rozzi salami preparati in campagna, a controllare i grappoli di zibibbo appesi ai ganci per trasformarli in uva passa, a ritardare la maturazione di mele e cotogne avvolgendole nella carta di giornale e, al contrario, ad affrettare quella della frutta da consumare subito disponendola all'aria e al sole, su reti di metallo. Il legame tra terra, prodotto, pentola e piatto in tavola dava un senso alla vita e accendeva tutti i sensi. E mentre spiegava, mamma raccontava delle pietanze preferite dei parenti. "A nonna Maria le minestre piacevano bollenti," diceva, e schiudeva il pugno pieno di fagioli facendoli precipitare di nuovo, a cascata, nel sacco; poi immergeva le mani nel sacchetto di lenticchie piccole e scure, "Zio Peppinello andava pazzo per le lenticchie di Pantelleria" e arriminava le fave secche, "Papà da bambino, quando era malato, si era fissato con il macco, che gli piaceva assai, e sua madre glielo propinò per una settimana intera, pranzo e cena. Da allora papà non ne volle più sentire".

Mamma ci rendeva consapevoli del potere muliebre che noi donne avremmo esercitato in famiglia e sui mariti: da noi dipendevano il loro benessere e il piacere della tavola.

Cucinare è potere: il cuoco sceglie gli ingredienti, ne decide l'uso e controlla la cottura e gli abbinamenti; pianifica le portate del pranzo e il loro ordine, e sceglie i vini che le accompagneranno; mentre le prepara è sovrano assoluto della cucina.

3.

Mangiare da soli o in compagnia

Il buon gusto, quando è condiviso, ha il più spiccato influsso sulla felicità che si può trovare nell'unione coniugale.

Due sposi buongustai hanno, almeno una volta al giorno, una piacevole occasione di stare insieme, perché anche coloro che vivono separati di letto (e sono moltissimi) per lo meno mangiano alla stessa tavola; essi hanno un argomento di conversazione che rinasce continuamente; parlano non solo di quello che mangiano, ma anche di quello che hanno mangiato, di quello che mangeranno, di quello che hanno visto alla tavola degli altri, dei piatti di moda, delle nuove invenzioni cucinarie ecc. ecc.; e si sa che i chiacchiericci familiari (*chit chat*) sono ricchi di fascino. [...]

Un bisogno comune chiama gli sposi a tavola, la stessa inclinazione ve li trattiene; essi hanno naturalmente l'uno verso l'altro quei piccoli riguardi che dimostrano il desiderio di essere gentili e il modo con cui si svolgono i pasti ha molto valore sulla felicità della vita. [...]

Ma c'è una cosa assai funesta per l'ordine sociale e che noi consideriamo certa, ossia che il mangiare da soli rinforza l'egoismo, avvezza l'individuo a pensare soltanto a sé, a isolarsi da tutto ciò che lo circonda, a non avere alcun riguardo; e dal loro contegno prima, durante e dopo il pasto, in mezzo alla gente è facile distinguere fra i commensali quelli che abitualmente mangiano al ristorante: quando si fa girare un vassoio pieno di pezzi già tagliati, quei signori si servono e poi se lo posano davanti senza passarlo al vicino, di cui non hanno l'abitudine di occuparsi.

JEAN-ANTHELME BRILLAT-SAVARIN, *Fisiologia del gusto o Meditazioni di gastronomia trascendente*, Meditazione XI, p. 132; Meditazione XXVIII, p. 254.

"Ride il cuore che mangia in compagnia"

Mangiare è un'attività sociale, e il cibo è da condividere con gli altri, nelle situazioni più disparate. Negli alberghi della vecchia Cina, come se ne trovano ancora a Penang, gli ospiti mangiavano, prendevano il tè, assaggiavano noccioline e biscotti della fortuna tutti insieme a una tavola rettangolare lunga e larga che faceva parte del bancone della reception. Nel mondo occidentale viviamo e mangiamo spesso da soli, anche se abbiamo famiglia. I ristoranti e le osterie hanno tavolini da due e sono poche le tavolate familiari. I commensali sono rimpiazzati dalla televisione, dai videogiochi, da Internet – mangiare è diventata un'attività secondaria. La cultura di comprare e mangiare per strada cibo fresco appena cucinato o fritto in minuscole bancarelle, tuttora vivissima a Palermo, un tempo creava sul marciapiede attorno alle botteghe capannelli di gente che poteva anche non conoscersi ma che subito si immergeva in conversazioni animate, addentando pane e panelle e pane con la meusa (la milza), divorando cazzitteddi (crocchette di patate) e fioretti di cavolfiore fritti in pastella. Oggi soltanto da McDonald's si trovano gruppi di ragazzini che mangiano chiacchierando, parentesi che durano quanto la loro sempre più breve adolescenza. Nelle strade, nei bar e nelle rosticcerie di Palermo si mangia da soli.

Nella Sicilia della mia infanzia conoscevo soltanto una persona che viveva da sola, senza nemmeno una cameriera in casa: un'amatissima prozia, Sara, che però non mangiava da sola quasi mai. Separata da decenni dal marito che si era tenuto i figli, abitava in una torretta ottocentesca triangolare – una stanza per piano –, affittatale da un'amica a una pigione nominale. La zia era davvero povera. I genitori avevano dilapidato il patrimonio e si erano indebitati con gli strozzini. Lei si manteneva con il poco che il marito le passava ogni mese, e che di rado le bastava. Amici e parenti sopperivano gioiosamente al resto. Sempre di buonumore e gentile con tutti, zia Sara era ospite non solo gradita ma contesa dalle amiche, che a turno la invitavano a pranzo, talvolta anche la sera, e le mandavano frutta e prodotti dalla campagna che lei potesse mangiare senza cucinare: era noto che sapeva preparare tre cose soltanto – caffè, camomilla e acqua e alloro. "L'essenziale," diceva zia Sara, che mai perse le bon mot e l'ottimismo, "il caffè mi eccita, la camomilla mi calma e l'acqua e alloro mi porta in paradiso." La zia accettava grata inviti e regali, e poi si sdebitava con dignità. Casa sua era una caverna di Aladino, piena zeppa di posate, piatti di porcellana, bicchieri di cristallo, tazze da tè e da caffè sfuse, ninnoli, vasi, miniature e quadretti. Tutti piccoli. Non perché in casa non ci fosse spazio, ma perché erano stati "salvati" dalla sua famiglia prima delle temutissime visite di pignoramento degli ufficiali giudiziari. Ficcati in sacche e valigie, nascosti in scatoloni di cartone, erano stati trafugati nottetempo dalla zia e dai suoi genitori con l'aiuto di poche persone di casa fidate e poi nascosti nei tetti morti, nelle cantine, nei magazzini e nei sottoscala dei palazzi di amici e parenti. Quello che era rimasto sano la zia lo vendeva – di nascosto, era una vergogna – e il resto, anche porcellane spizzicate o pezzi rovinati, lo regalava a chi le faceva del bene. Una volta, zia Sara mi regalò un orologio di bronzo alto non più del mio dito indice: di manifattura francese, era il modello in miniatura di un grosso orologio da tavolo del periodo Luigi Filippo, acquistato da un suo avo. Ero stata fortunatissima, perché il mio orologio in miniatura era in perfetto ordine: "Si vede che zia Sara ti è veramente affezionata," mi aveva detto mamma dopo averlo esaminato.

Zia Sara pranzava da noi una volta alla settimana, immancabilmente; quando non aveva altri inviti passava sotto casa e chiedeva a mamma tramite il portinaio se voleva dei biscotti, il messaggio in codice per sapere se c'era un posto a tavola per lei. I biscotti erano più economici dei pasticcini, che si portano generalmente in regalo a pranzo, mai a cena. Mamma li serviva con il caffè ed era la sola a prenderne uno. La zia rifiutava sempre, sostenendo che erano tutti per noi. Dopo pranzo, ristorata dalla bevanda calda e forte, si lasciava andare contro lo schienale della poltrona e rilassava il corpo; dalle sue labbra rosse usciva immancabilmente la stessa frase: "Elenù, da voi si mangia davvero bene. Non devi offenderti se dico che ride il cuore che mangia in compagnia, anche se è roba fitusa, e piange il cuore che si siede davanti a un manicaretto ma alla tavola apparecchiata per uno solo". Mamma sorrideva e immergeva ligia la punta del biscotto nella tazzina. Offriva di nuovo il piatto dei biscotti alla zia, che rifiutava ancora una volta. In realtà non le piacevano, e a buon motivo: venduti sfusi dal panettiere in coppitelli di carta marrone, facevano venire l'acquolina in bocca soltanto appena sfornati, caldi e croccanti. Costavano meno dei pasticcini appunto perché non erano buoni e l'indomani sarebbero stati declassati alla loro vera destinazione: accompagnamento della prima colazione di noi bambine. Erano ottimi immersi nel latte caldo, appena imbrunito dal caffè, prima di andare a scuola.

Crescendo, mi sono convinta che da anziana avrei vissuto da sola. Mio padre sosteneva che il mondo sarebbe stato popolato da zitelle – come sperava diventassimo noi figlie – e da vedove. Un pensiero bizzarro, per un padre. "I mariti muoiono prima delle mogli," asseriva lui, e non a torto, "i figli hanno casa loro e sono restii a prendersi la madre in casa." Le donne dunque dovevano abituarsi a vivere da sole. Poi papà rassicurava mamma che la vedovanza non era sgradevole; le portava a esempio alcune delle sue amiche, che secondo lui erano rifiorite a un anno dalla morte del marito. Spesso era vero. Secondo lui, gli aspetti più ardui del vivere da sole erano cucinare carne e pesce per uno – a quei tempi nei supermercati non c'erano le porzioni singole – e mangiare senza un commensale. Arrivò perfino a progettare di trasformare Mosè, la nostra casa di campagna, in una casa di riposo in cui anziani ancora attivi potessero vivere in stanze proprie, dividendo con gli altri i salotti e la sala da pranzo, e dove avrebbero goduto della buona cucina di casa nostra; ma morì giovane, e del suo piano non si fece nulla.

Mi sono abituata a mangiare da sola quando ero sposina, in Africa, e mio marito partiva spesso per lavoro. Odiavo sedermi a tavola senza di lui e tentavo di coinvolgere in conversazione George, il cameriere che reggeva la casa e controllava mio marito e me con pugno di ferro in guanto di velluto. Ma lui non era interessato. Un giorno mi propose di cambiare posto: anziché il quadro sulla parete di fronte, avrei potuto guardare il giardino attraverso la veranda: "È bello Dwana, e dev'essere diverso da quelli del suo paese". E così mangiavo in compagnia delle piante e dei camaleonti, che avendo preso i colori delle foglie e dei fiori appesantivano invisibili i rami della bougainville.

Quando tornammo in Inghilterra, e con l'arrivo dei figli, non mangiai più sola. Eravamo in tanti, oltre al nucleo familiare: au pair, amici, parenti in visita a Londra. Parecchi anni dopo, la sera del giorno in cui accompagnai il mio figlio minore, Nicola, all'università, tornando a casa trovai un biglietto dei miei ospiti: erano andati a teatro per celebrare l'ultimo giorno di vacanza a Londra. Ero sola, e tutto a un tratto mi resi conto che abitavo in una casa di tre piani piena di salotti e camere da letto. Mi prese lo sgomento. Mi sentivo rimpiccolire, come Alice; e intanto la stanza si allargava, il tavolo, le poltrone, i davanzali sul giardino, perfino le foglie del glicine che incorniciava la porta finestra sembravano diventati enormi. Dovevo reagire. Pensai di farmi un'insalata di tonno con lattuga e tanto limone, che dà sapore e a ogni strizzata riempie l'aria del suo profumo oleoso. Ma anche la cucina tanto amata, con tutto a vista sugli scaffali, sembrava diventata ostile: non trovavo niente di quello che mi serviva. Mi resi conto che, nonostante fosse attrezzatissima e piena di ciotole e insalatiere di tutti i tipi, non c'era niente di adatto a contenere una porzione sola. Preparai l'insalata e quando mi sedetti a mangiarla mi servii con le lunghe posate di osso, tirando su le foglie dalla ciotola più piccola che avevo trovato: sul fondo languiva, pietosissima, la mia insalata di tonno con il limone. Fu un pasto triste, denso di pensieri e di decisioni.

L'indomani, durante la pausa del pranzo me ne andai a gironzolare sotto gli archi della ferrovia di fronte al mercato di Brixton. Scovai una tazzina da caffè dei primi del Novecento, di porcellana finissima gialla e nera, con il manico appena spizzicato; una scodella di vetro verde abbastanza grande per una porzione di insalata e due bicchieri di vetro lavorato giallo oro, uno da acqua e l'altro da vino. Quella sera mi conzai il posto a tavola con grande cura, proprio davanti allo specchio. Accesi la radio per sentire il notiziario e mangiai di gusto. Ogni tanto alzavo lo sguardo: il minuscolo centrotavola di fiori raccolti in giardino, la mia immagine e i vetri riflessi nello specchio mi facevano buona compagnia. Pensavo a ruota libera, come sempre quando mangio; la sola differenza era che non avevo nessuno con cui condividere i pensieri. Ma in realtà spesso li tenevo per me, non erano cose da tavola. Mi alzai soddisfatta, conscia però che avrei dovuto faticare ancora, e tanto, per abituarmi a quella vita.

Con il tempo ho imparato a non ricorrere allo specchio, e nemmeno alla radio. A volte metto un cd, in genere un'opera di Mozart. Mentre mangio ammiro i piatti e la tavola preparata per me, con la tovaglia ricamata e le posate scelte tra quelle inglesi con il manico di osso o tra quelle italiane tutte di metallo. Non penso al lavoro o agli amici. Quello è il tempo mio, dei ricordi. Rivivo pranzi e cene d'altri tempi, mi tornano in mente persone che non ci sono più. Anziché intristirmi, questi ricordi, seppur non sempre belli, incoraggiano l'appetito e l'intimità con un passato da non dimenticare.

Ho inventato degli stratagemmi per mangiare bene e divertirmi nel pianificare i miei pasti solitari. Quando siamo in tanti compro cibo buono ma economico. Da sola invece posso viziarmi, e mi invento piccoli progetti culinari. Ogni lunedì, per un mese, compro in una elegante fromagerie di Pimlico un formaggio diverso al quale abbinare mostarde, biscotti – secchi, con sesamo, salati, senza sale, e perfino dolci (adatti ai formaggi dal sapore più forte) – e frutta fresca e secca, che mi suggerisce il droghiere. Sin dalla domenica sera pregusto il piacere di scegliere un formaggio diverso. Mi lascio tentare dalle spezie e dalle verdure indiane e decido di imparare a cucinarle secondo le indicazioni del verduraio del Punjab, faccio ricerche su Internet e almeno un giorno alla settimana, finché dura il mio esperimento, mangio all'indiana. A volte, mentre cucino per me faccio altro: preparo in anticipo le torte per i compleanni dei nipotini, per congelarle, e mentre cuociono aggiungo sul ripiano più alto del forno un piccolo soufflé, le patate intere avvolte nella stagnola o semplici pezzi di pane con un filo d'olio e rosmarino, da abbrustolire, per me soltanto.

Non mi sento sola quando mi coccolo, preparo il pasto e la tavola e poi mi seggo a mangiare; invece se mangio in piedi o davanti alla televisione, senza un tavolo, lo squallore del piatto gettato su un vassoio qualunque, magari senza bicchiere d'acqua, non mi fa sentire umana. E poi ho scoperto che alcune pietanze è preferibile prepararle per uno o al massimo due: l'uovo fritto, difficile da cucinare a perfezione, con l'albume solido e il tuorlo caldo e sciolto, da mangiare appena cotto; le fritture alla cinese nel wok; le frittelle, i chapati, i pancake; la pasta cotta nel tegame con il condimento; le verdure alla griglia; lo zabaione preparato a bagnomaria in un minuscolo pentolino. Ma guai se chi vive solo cucina sempre e soltanto per sé: bisogna pensare anche agli altri, e amarli. Se invitare gli amici a pranzo è complicato, si possono preparare biscotti, cioccolatini, dolcini da portare in regalo quando si è invitati o in ufficio. Nel mio studio legale, per anni una segretaria giamaicana cucinò ottimi curry di capra o di pollo, che ogni lunedì portava in ufficio e riscaldava anche per le altre. Le ragazze, oltre a pagare la loro porzione – abbondantissima, tanto che spesso portavano a casa nella vaschetta di alluminio una quantità di curry sufficiente per un altro pasto –, contribuivano portando frutta e bevande: succo di carota con il latte, succo di lime, tè freddo.

La ritualità tiene le fila della vita e quando si vive da soli è necessaria. I piccoli riti fanno bene, scandiscono la giornata e confortano, anche se bisogna stare attenti a non trasformarli in ossessione o tirannia. Il mio primo rito è quello del caffè, la mattina. Appena mi alzo scelgo una vestaglia secondo la temperatura, che a Londra è sempre una sorpresa, e del mio umore, ma che dev'essere lunga fino ai piedi. Finisco quasi sempre con la preferita, di seta rossa e lucida, appartenuta a Eve, la mia grande amica fotografa: mi fa sentire amata. Se sento la mancanza di mia madre scelgo la vestaglia tradizionale, di seta azzurro chiaro, che me la ricorda. Quando sono in vena di essere elegante – a modo mio –, indosso il kimono blu e bianco di cotone. Poi vado in cucina a preparare la caffettiera. Devo berlo dalla *mia* tazzina il primo caffè, bilanciando il peso della tazza con quello del piattino. Lo prendo amaro, quasi tiepido, e lo centellino girando per il salotto. Intanto, controllo le piante: se hanno bisogno di acqua, o se c'è qualche foglia secca da staccare. Questo è l'unico lusso a cui non rinuncio: il momento tutto mio, a casa, ogni giorno. Mi sveglio presto per goderlo, e poi mi immergo nella routine di tutte le donne londinesi che vivono sole, hanno un lavoro, una vita sociale e una casa da mandare avanti con una domestica a ore una volta alla settimana.

E il caffè ritorna nel mio secondo rito, dopo pranzo. Porto tazzina e caffettiera in salotto, sul *loro* vassoio, che appoggio sul tavolino, di lato. Mi siedo in poltrona e mi allungo per versare il caffè nella tazzina, tenendo alta la caffettiera. Dopodiché comincio a leggere il giornale sorseggiando. Finisco in bellezza, con l'ultimo rito: un cioccolatino, se c'è. Altrimenti, lascio un fondo di caffè nella tazza e vi intingo del pane duro, che poi passo rapidamente sullo zucchero. È squisito.

La parola a Rosario

La solitudine del carrello vuoto

A chi non è mai capitato di sbirciare nei carrelli degli altri, di immaginare la vita di chi li spinge?

I genitori con famiglie numerose si riconoscono subito: lunga lista della spesa alla mano, riempiono velocemente il carrello che pilotano sicuri verso la cassa con la coda più breve. Sanno esattamente cosa vogliono e dove trovarlo. La spesa per loro è una necessità da sbrigare in fretta: prelude a grandi cucinate, come si intuisce dall'abbondanza di ingredienti freschi che di solito la compongono. Quella fatta con i bambini è invece più lenta. Dal seggiolino del carrello – osservatorio prodigioso – i piccoli guardano, chiedono, pretendono, piangono. I grandi spiegano, rispondono, assecondano, ignorano. Sgranocchiando un biscotto o un grissino insieme ai figli, dopo lunghe peripezie approdano alla cassa con il carrello scompigliato e all'improvviso si accorgono di aver dimenticato qualcosa di essenziale. Ritornano indietro, ricompaiono affannati e si affrettano a deporre i prodotti sul nastro che scorre: biscotti e marmellate, pizze e insalate pronte, formaggi e affettati, succhi di frutta e gelati raccontano un desco semplice e rapido. Diverso da quello degli anziani. Loro il carrello lo riempiono poco e lentamente. Si muovono con circospezione tra gli scaffali, si soffermano sulle offerte, acquistano i prodotti in piccole quantità, indugiano alla cassa, dove qualunque cosa diviene pretesto di conversazione con le cassiere sorridenti e premurose. Per gli anziani, andare al supermercato è l'evento della giornata che allarga la vita e alleggerisce la solitudine del rientro a casa, quando nelle loro cucine immobili ripongono gli acquisti con ordine silenzioso. È rassicurante scorgere nei loro carrelli indizi di festa: una torta con la glassa colorata, confezioni di biscotti prelibati, grandi bottiglie di bevande analcoliche, tutto scelto con la delicata attenzione che si rivolge alle persone amate.

La solitudine gastronomica può iniziare al supermercato, quando alla cassa i genitori si accorgono all'improvviso che il carrello è semivuoto, come un golf che si è ristretto in lavatrice. I figli sono andati via di casa – chi per lavoro, chi per studiare – e non c'è più bisogno di comprare grandi quantità di pasta, patate, banane, petti di pollo per le cotolette che non bastano mai, carne macinata per polpette e hamburger, bevande più o meno alcoliche.

La vita si riduce e si rallenta. Come è accaduto ad alcune delle mie allieve, che, immalinconite dalla solitudine – la cosiddetta "sindrome del nido vuoto" –, si sono iscritte a un corso di cucina: per fare nuovi incontri, per imparare a cucinare piatti diversi e per ritrovare il piacere e il gusto della tavola, anche in pochi.

4.

Al ristorante

Verso il 1770, dopo i giorni gloriosi di Luigi XIV, gli scandali della Reggenza e la lunga tranquillità del ministero del cardinale Fleury, i forestieri a Parigi avevano ben poche risorse circa la buona tavola. Essi dovevano ricorrere alla cucina degli albergatori che era generalmente cattiva [...]. Sicché i forestieri i quali non avevano la fortuna di essere invitati in qualche casa signorile, lasciavano la grande città senza avere conosciuto i fasti e le delizie della cucina parigina [...]. Finalmente ci fu in uomo d'ingegno il quale notò che una causa attiva non poteva rimanere senza effetto; che lo stesso bisogno rinasceva ogni giorno alla stessa ora, sicché i consumatori sarebbero accorsi in folla dove fossero stati certi che quel bisogno sarebbe stato piacevolmente soddisfatto.

JEAN-ANTHELME BRILLAT-SAVARIN, *Fisiologia del gusto o Meditazioni di gastronomia trascendente*, Meditazione XXVIII, pp. 251-252.

A nove anni andai per la prima volta al ristorante. Stavo viaggiando da Agrigento a Palermo, con mio padre. Mi piaceva moltissimo attraversare la Sicilia da sud a nord in automobile, sola con lui. Papà non era mai di malumore quando era al volante; si rilassava guidando e guardandosi intorno, infatti si girava di continuo. Negli innumerevoli paesi attraversati dalla strada provinciale rallentava di proposito per osservare i vecchi seduti davanti alle case, i passanti, le botteghe, e per leggere i manifesti elettorali e gli annunci funebri attaccati ai muri. Se il traffico era bloccato, cacciava la testa fuori dal finestrino e chiedeva informazioni sul miglior panettiere, su dove comprare le ciambelle più buone, sulle varietà locali di cacio e su qualsiasi altra cosa che gli passava per la testa in quel momento. In aperta campagna scrutava il paesaggio con la curiosità dell'agricoltore. Ogni volta che identificava un podere ben curato o un oliveto potato come si deve, rallentava; se c'era un contadino, si fermava. Chiedeva il tipo di grano, la varietà degli olivi, il nome dei potatori, quello del padrone, e a volte persino quello dei suoi parenti. Le facce dei contadini parlavano da sole: niente voglio dirvi e niente deve interessarvi. Io fremevo. Era il periodo dei fermi, dei briganti e dei sequestri. La mafia era potente. Ma papà sosteneva che la curiosità cortese era un diritto del cittadino e poi la sua era benevola: voleva congratularsi con i contadini per il bell'appezzamento di terra e, se possibile, anche con il proprietario. I più omertosi, alle sue domande – tecnicamente precise e porte con rispetto – dapprima rispondevano a mezze parole – "nonsi", "sissi" –, poi a poco a poco sollevavano lo sguardo e si scioglievano – cauti, mai sorridenti –, chiaramente orgogliosi che il frutto delle loro fatiche fosse apprezzato da un signore elegante che viaggiava su una bella automobile sportiva ma che parlava il siciliano dei contadini e, come loro, amava la campagna.

Scendevamo verso Misilmeri. A sinistra, fuori dal paese, un castello arabo semidistrutto ma ancora maestoso. "Un rappresentante di commercio mi diceva che merita una visita. Potremmo andarci." Io ero già tutta occhi. Lui aggrottava le sopracciglia e pensava. I pensieri di papà seguivano traiettorie imprevedibili; spesso i suoi commenti mi spiazzavano. "Se avessi dovuto lavorare per altri, avrei scelto il mestiere di quell'uomo. I rappresentanti di commercio conoscono il territorio e non si annoiano mai: vanno da un paese all'altro, al volante di macchine potenti, e non devono dare conto a nessuno..." Una pausa, e poi: "Sono buongustai e conoscono i posti in cui si mangia meglio". E accelerò per superare una Seicento; proprio mentre la sorpassava annunciò, cambiando marcia: "Andiamo a mangiare da Spanò".

Spanò era famoso per la pasta con le vongole (piatto di cui ero ghiottissima), ne sentivo parlare da sempre e non mancavo mai di guardarlo con occhi golosi quando ci si passava davanti. Costruito su palafitte di legno a Romagnolo, alle porte di Palermo – in una zona rinomata agli inizi del secolo per gli stabilimenti balneari e poi, nel dopoguerra, per la mafia dei mercati generali –, il ristorante aveva mantenuto una certa dignità, nonostante i numerosi rattoppi in diversi toni di azzurro, tutti rigorosamente diversi dall'originale, e benché fosse incastrato tra due stabilimenti frequentati più da gatti randagi che da bagnanti. Il proprietario aveva abbellito la passerella con vasi di gerani; a ogni passo le travi scricchiolavano, ma io, totalmente presa dalla nuova avventura, pensavo solo alla pasta con le vongole.

Uno zio mi aveva raccontato dei ristoranti di Roma, la capitale. Erano ottimi, costosi, e vi si incontravano spesso i deputati – una casta a sé, poco amata nella mia famiglia. C'erano anche i ristoranti in cui si cucinavano pietanze di paesi stranieri: ricordo la storia raccapricciante del ristorante cinese dove si servivano nidi d'uccello in brodo e uova tenute a marcire per anni sotto terra. Secondo me, i ristoranti erano posti dove la gente mangiava quando era lontana da casa per lavoro o per diletto e non poteva andare a pranzo da parenti o amici. Non dubitavo, come del resto non ne dubitavano i miei genitori e tutti i nostri parenti, che nelle nostre case si mangiava meglio che in qualsiasi ristorante di Sicilia. Ma la pasta con le vongole di Spanò faceva eccezione. Quella era unica, la migliore. E io stavo andando proprio lì. Da Spanò. Con mio padre. Cos'altro avrei potuto desiderare?

Ricordo il capannone pieno di tavoli con la tovaglia candida e i posti conzati – quasi deserto. Papà mi aveva raccomandato di non chiedere niente, di non bere l'acqua – era in-

quinata – e di prendere per frutta soltanto banane, se ce n'e-
rano, "gli spaghetti alle vongole meritano, il resto lascia a desiderare". Aspettavamo di essere serviti; il capannone intanto si riempiva di gente – gli habitué entravano e sedevano ru-
morosamente, conversavano tra loro e con i camerieri che
chiamavano per nome, discutevano della pesca della notte e
sceglievano sapientemente il meglio; al momento di mangiare, silenzio assoluto fin quando il primo piatto era quasi vuoto e la fame era stata allontanata. Allora gli avventori si lan-
ciavano con rinnovato entusiasmo nella conversazione – il piacere vero e proprio –, mangiando le ultime forchettate, in-
tingendo il pane nel sugo, succhiando le teste delle triglie fritte, i gusci dei gamberoni e perfino le lische.

Numerosi i solitari. Pensai che quelli dovevano essere gli
amici di papà, i rappresentanti di commercio. Erano di casa,
da Spanò: sceglievano rapidamente dal menu che conoscevano a memoria, aspettavano impazienti, si buttavano sul cibo con voracità; poi anche loro rallentavano. Ma ecco che era
già il momento di pagare, di nuovo in fretta, e di rimettersi in
viaggio. Uno, seduto accanto a noi, all'apice del piacere, la
forchetta ancora in mano con infilzato l'ultimo boccone di
dentice, masticava piano e guardava languido Monte Pellegrino attraverso le vetrate, in attesa del conto. Arrossì, quando il cameriere dovette scuoterlo per farsi pagare, e io mi sentii complice.

Nessuna pietanza è all'altezza degli spaghetti alle vongole di Spanò, che ho rivisitato di recente grazie alle meditazioni di Brillat-Savarin. Ho ricordato l'unica donna che quel
giorno sedeva al ristorante, una giovane con il suo innamorato: pasta con le cozze lui, con le vongole lei, e si imbocca-
vano a vicenda. La ragazza succhiava il mollusco con voluttà,
gli occhi negli occhi di lui. Noi avevamo finito di mangiare e

papà chiacchierava con il cameriere. In bocca avevo ancora il gusto delle vongole e sulle dita l'odore di aglio e di olio – non c'erano lavadita da Spanò. Guardavo la giovane coppia e sentivo uno strano benessere. Mi ritornò, imperiosa, la fame. Di vongole e spaghetti ma anche di altro. Esilarante.

Fu quello il mio primo incontro, indiretto, con *le génésique*.

Posso contare sulle dita di una mano le altre occasioni in cui ho mangiato al ristorante, fino a quando, dopo la licenza liceale, non andai in Inghilterra.

Qualche giorno prima del mio diciannovesimo compleanno mi fidanzai, e i miei futuri suoceri ci portarono al ristorante dove il duca di Edimburgo aveva tenuto la sua Stag's night, il pranzo di addio al celibato. La cucina era francese, la discrezione del personale molto inglese. Brindavamo ancora una volta con lo champagne nella saletta dove si fanno le ordinazioni e si attende che il pranzo sia servito. "Simonetta sceglierà per prima, è la festeggiata," disse Mr Hornby, e il maître mi porse un menu di una ventina di pagine. Non sapevo cosa e quanto ordinare, tanti erano gli antipasti seguiti dai consommé, le zuppe, le vellutate, i soufflé, le minestre. Quanto ai secondi, mi girava la testa solo a guardarli, e non per colpa dello champagne. Il maître cercò di venirmi in aiuto passandomi il menu in francese. Lo presi, quasi piangendo. Il problema non era la lingua: non sapevo quante portate ordinare. Stoicamente decisi di andare avanti. Azzardai il nome del piatto prescelto e puntai gli occhi sul maître aspettando un cenno di approvazione, ma lui non mi degnava di uno sguardo: fissava Mr Hornby, che invece era proteso verso di me, pronto a carpire le mie parole.

Guardai gli altri due: il mio fidanzato discuteva il menu con la madre, come se non ci fossi. In un lampo, intravidi la solitudine del futuro. Andai avanti. Bisbigliai il nome della pietanza che desideravo e conclusi con un "please", cercando approvazione negli occhi pazienti di Mr Hornby. Ma lui si limitò a ripetere quanto detto da me, per accertarsi di aver capito, e io calai la testa. Allora Mr Hornby si girò verso il maître, sempre con lo stesso movimento controllato, e scandì la mia scelta a voce alta. "Très bien," rispose quello, e la ripeté come se fosse una recita, con gusto, anche lui a voce alta; poi aspettò la conferma di Mr Hornby. Al suo "that's right", e soltanto allora, il maître annotò l'ordinazione sul carnet. La ripeté soddisfatto un'altra volta "Bisque de langoustine", e rimase immobile – matita in mano, spalle dritte – in attesa dell'ordinazione seguente. Finché, visto che io non ordinavo, ecco il temutissimo "Next?". Gli occhi dei due uomini erano puntati su di me. Mormorai la mia scelta, Mr Hornby la ripeté, io la confermai, Mr Hornby la comunicò al maître, il maître la ripeté, Mr Hornby la confermò a sua volta e finalmente fu annotata sul carnet. Mi sentivo su un palcoscenico, bloccata in un balletto di impercettibili movimenti di labbra e di occhi accompagnati da voci senza emozioni e scandito dal fruscio della matita sulla carta.

Passammo nella splendida sala da pranzo. Per primo mi fu servita la squisita bisque; mi compiacqui tra me e me della scelta. Era il momento del secondo, il piatto "forte". Quattro camerieri posarono davanti a ciascuno di noi un grande piatto coperto da una semisfera d'argento col manico; all'unisono, li scoperchiarono. Ciascuno degli Hornby aveva ciò che aveva voluto: anatra, sogliola e tournedos, con verdure di contorno. Io un consommé di brodo di pesce, chiaro e limpido, profumatissimo: avevo ordinato due primi. "You do love fish," commentò la mia futura suocera. Bevevo il brodo di pesce, affamata come non mai, e divoravo i panini del cestino, riempito senza sussiego dal cameriere – l'unico che avesse pietà del mio errore – mentre gli Hornby decantavano la bontà dei loro piatti. "Delicious!" – la sole meunière di Mrs Hornby era cotta a puntino. "Perfect!" esclamava suo marito gustando i tournedos Rossini con il foie gras, e ripeteva "perfect!" compiaciuto delle patatine arrosto, mentre lei, dopo essersi riempita la bocca di patate dauphine, echeggiava, "Perfectly delicious!".

Mangiavano di lena, continuando a osannare gli asparagi, gli spinaci saltati in padella e le palline di carote arrostite al forno e imbiondite dal burro della Normandia. "Simply magnificent," sentenziò il mio fidanzato; la sua anatra all'arancia, profumata di tutti gli odori della Provenza, con la pelle croccante, era circondata da una sinfonia di verdure. Ogni tanto, quando sua madre non ci guardava, mi porgeva un boccone di petto d'anatra infilzato sulla forchetta con una patatina. Una volta soltanto mi resi conto che Mr Hornby ci osservava, e arrossii. Subito lui intavolò con la moglie la conversazione più lunga che io ricordi; distraendola, diede modo al figlio di nutrirmi in quel modo decisamente inelegante.

Ricordo un altro pranzo con i miei suoceri, quando ero una giovane sposa. In quel periodo frequentavano i ristoranti con particolare assiduità per due motivi. Lei odiava i laburisti e aveva deciso che avrebbe combattuto l'inflazione causata dal governo Wilson rifiutandosi di aumentare la sua spesa per il cibo. Ergo, mio suocero – che non ne poteva più dei pasti a base di cavolfiore con la béchamel – non aveva altra scelta che invitarla al ristorante almeno due volte alla settimana. Il secondo motivo aveva a che fare con la moda. Erano gli albori della *nouvelle cuisine*: lo snobismo del ristorante raffinato cominciava a prendere piede in Inghilterra e ai miei suoceri piaceva parlare con i conoscenti delle loro avventure gastronomiche.

Festeggiavamo il nuovo lavoro di mio marito, ed eravamo tutti contenti. Andammo in un ristorante in cui si servivano ostriche squisite – si sapeva che a me piaceva il pesce e mio suocero mi voleva bene. La sala era affollata e nel tavolo accanto al nostro, vicinissimo a me, era seduta una bella donna di mezza età. Cenava con un uomo dall'aria annoiata e dai modi bruschi, sotto una patina di gentilezza: non poteva che essere il marito. Percepivo la tensione e carpivo mezze frasi, "non sapevo...", "te l'ho già detto che", "ma come!", "voglio...", "è ora di...". Li sbirciavo con la coda dell'occhio. I gesti erano perfetti, un'etichetta trasmessa con il Dna e rinforzata in ambedue dal rigore delle public school di una volta. Lui le offriva i toast, le passava la saliera, lei si serviva e ringraziava con un "thank you" simile al pigolio di un pulcino. Poi un "non c'è altro da dire" e silenzio. Mia suocera aveva piena vista della coppia e, alzando la voce, cominciò a raccontare una storia buffa, a cui figlio e marito risposero con i tipici "ha ha ha" britannici. Ne approfittai per girarmi. L'uomo mangiava il suo quarto di pollo con attenzione ossessiva, lo sguardo fisso sul piatto. La donna piangeva, le lagrime cadevano sulla béchamel delle coquille Saint-Jacques da cui lei pescava i molluschi per portarseli alla bocca, un pianto ininterrotto che accompagnò il resto del pranzo, incluso il dessert e il caffè con petit four – era un menu a prezzo fisso. Al momento di andare, lei mormorò un grazie al cameriere.

Li vidi uscire, lui l'aveva presa per un braccio.

Non li ho mai dimenticati, quei due. Se rido forte, al ristorante o in trattoria, quelli tornano sempre con le loro lagrime a farmi pensare che forse qualcuno piange, di dentro, in quella sala. E che siamo tutti esposti agli sguardi di tutti. Se sono invitata fuori, suggerisco che si mangi a casa mia. Lo preferisco, e faccio in modo che i miei ospiti ne siano contenti. Al ristorante si mangerà meglio che da me, dove però l'atmosfera è più rilassante. Leggendo il doppio decalogo di Brillat-Savarin mi sono accorta che, anche se non lo conoscevo ancora, già ne mettevo in pratica i punti essenziali.

Da quando vivo all'estero ho mangiato meravigliosamente bene in ristoranti di tutti i continenti e sono sempre contenta di conoscerne di nuovi. Ma vi torno di rado: la convivialità delle case dei miei amici è un'attrattiva potente. Da ragazza ero affascinata dal locale – i ristoranti panoramici girevoli, quelli sulle lagune, quelli nella giungla –, dall'arredamento, dal servizio e dall'originalità e dalla fantasia del cuoco – la prima fiammeggiante crêpe suzette, il pane a nido d'ape della cucina etiope disteso sul tavolo come una tovaglia, il maiale caramellato all'agrodolce servito nel cavo di un ananas, le verdure del Kashmir con pezzi di sfoglia d'oro, gli interminabili dim sum dei ristoranti di San Francisco. Poi ho cominciato a interessarmi più alla qualità delle pietanze, all'armonia del pasto, e meno agli esperimenti culinari che imperversano su tutti i fronti.

Negli ultimi anni mangiare in un "buon" ristorante è diventato un tour de force gastronomico, e soprattutto una fatica. Fatica, perché gli chef, nel tentativo di superare se stessi e i loro maestri, offrono piatti a cui manca la squisitezza della semplicità; certe pietanze non sono riproducibili nelle nostre cucine, per quanto ben attrezzate. Fatica, perché bisogna stare attenti a quello che si dice: a tavola, a me con gli amici piace parlare di tutto e di tutti e siamo consci che altri potrebbero ascoltarci, come noi non possiamo non udire i vicini più rumorosi. Fatica, perché l'impiattata individuale separa e stronca i commenti sul cibo condiviso a tavola, spesso limitato al pane e al vino. Fatica, infine, perché anche al ristorante si va di fretta: ci sono almeno due turni e, dopo il caffè e i liquori, "non si fa" di rimanere al tavolo a chiacchierare, celebrando così la cucina del buon gusto.

Allora preferisco le trattorie, le pizzerie, il dim sum cantonese o il piccolo bistrò; lì si può ancora condividere cibo semplice e ben cotto – la pasta nella zuppiera, la pizza a fette, le pietanze indiane o cinesi al centro della tavola,– e ci si abbandona al semplice piacere del mangiare, quando non perfino a episodi di ingordigia.

Mi conforta il fatto che come la sobrietà degli antichi Romani cedette posto agli eccessi delle crapule luculliane, a loro volta soppiantate dal rigore alimentare imposto dal Cristianesimo, così si ritornerà a una cucina di grandi chef creata su misura del buongustaio; ne ho visti i primi segni, c'è un *brave new world* di giovani cuochi indipendenti dal *big business*. Daltronde, la professione di ristoratore è giovane, ha poco più di due secoli. Da Brillat-Savarin ho appreso che la rivoluzione nella scienza del cucinare data al 1774, sulla scorta dei miglioramenti avvenuti nella scienza della cucina, nell'orticultura e nella conservazione del cibo. Al contempo, si viaggiava di più: gli spostamenti erano diventati più veloci, e funzionali agli interessi della nascente classe borghese. Ma i viaggiatori potevano mangiare solo alla mensa dell'albergo, poco appetitosa e a prezzo fisso. Furono loro a sollecitare i rosticcieri – che arrostivano pezzi interi su ordinazione – chiedendo di comprare non un intero cappone ma un'ala, una coscia. E da lì ci fu qualcuno che per primo concepì l'idea del ristorante, dove a colpo sicuro e dietro pagamento di un prezzo predeterminato, chiunque avesse i denari poteva accedere a tutti piaceri del gusto: un concetto geniale. All'inizio dell'Ottocento i ristoranti si moltiplicarono e l'arte culinaria fece registrare immensi progressi. Il buon gusto, finalmente distinto dalla voracità e dall'ingordigia, divenne un'inclinazione di cui non ci si vergognava – piacevole per l'anfitrione, benefica per l'invitato e utile allo sviluppo scientifico dell'arte del nutrimento. E tornerà a esserlo.

5.

Gli uomini e la cucina

Il buon gusto è uno dei principali legami della società; esso estende a grado a grado quello spirito di convivialità che riunisce ogni giorno le diverse condizioni, le fonde in un'unità, anima la conversazione e smussa gli angoli dell'ineguaglianza convenzionale.

Esso pure anima gli sforzi che deve fare ogni anfitrione per ricevere bene i suoi invitati, e anima anche la riconoscenza degli invitati stessi, i quali vedono che si occupa con tanta cura di loro; e qui proprio dobbiamo stigmatizzare in eterno quegli stupidi mangiatori che buttano giù, con una indifferenza colpevole, i bocconi più raffinati, e che assorbono con sacrilega distrazione un nettare limpido e profumato.

JEAN-ANTHELME BRILLAT-SAVARIN, *Fisiologia del gusto o Meditazioni di gastronomia trascendente*, Meditazione XI, p. 132.

L'Homo panormitanus fa la spesa al mercato

Palermo è una città di mercati. Quando ero piccina mamma mi aveva portata a quello del Capo, uno dei quattro quartieri storici: "Tu sei nata a Palermo e dovresti conoscerli i suoi mercati. Sono bellissimi," mi disse, e vi entrammo attraverso Porta Carini, una delle porte monumentali della città. Il mercato si snoda lungo una strada fiancheggiata da chiese barocche e oratori dagli ingressi sbarrati – fondoscena maestoso del palcoscenico della strada. Era una bolgia di suoni, di folla, di voci, di puzze, di odori e profumi. Me ne innamorai. Ma non mamma, che veniva dalla provincia. La calca davanti alle bancarelle la confondeva e dopo un po', senza comprare niente, tornammo a casa.

Negli anni sessanta, a Palermo il capofamiglia non cucinava né tagliava l'arrosto, piatto raro sulle nostre tavole. Però l'acquisto del cibo – e soprattutto quello della carne, cibo di lusso, e dei pesci da trancio come tonno e pescespada – era una prerogativa maschile, forse un retaggio del cacciatore della preistoria che provvedeva a sfamare la famiglia con la selvaggina. Mi piaceva, tornando a casa da scuola, passare attraverso il mercato e, se avevo denari, comprarmi un pane e panelle, una bomba di calorie sostitutiva di un pasto ma, per me, il vero stuzzicafame: riempiva lo stomaco e aumentava l'appetito, tanto era buono. Il mercato più vicino a casa nostra era quello del Borgo, un tempo fuori le porte della città, un mercato rionale di nessuna importanza architettonica: strade strette fiancheggiate da casupole o costruzioni non più alte di due piani, tardo Ottocento, con slarghi irregolari agli incroci – nessuna chiesa, ma alcune edicole sui muri. Per il resto, però, era come gli altri quattro mercati: affollatissimo, si vendeva e comprava a ritmo serrato e il vociare era essenziale – per banniare la propria mercanzia, patteggiare il giusto prezzo, degustare e commentare, scambiarsi convenevoli, auguri, notizie sulla salute propria e degli altri, fare le condoglianze, farsi largo con una pesante carriola carica fino all'inverosimile di frutta e verdura. Unica presenza femminile tra i venditori, qualche vecchia con i capelli coperti da uno scialle triangolare nero: accovacciata su uno sgabello, metteva su un quadratino di marciapiede il fazzoletto con sopra il poco che aveva portato da lontano – erbe, spezie, pane di Monreale o di Piana degli Albanesi. L'accesso era proibito alle carrozzelle e alle automobili, ma non alla tenace Lapa, ovvero la Motoape: ubiquitaria e duttilissima, aveva l'aspetto di una torre composta dagli elementi più impensati, dalle seggiole alle galline in gabbia, con l'immancabile pennacchio di ortaggi di stagione, finocchi, sedani, carciofi. A ogni scossone i mazzi di ortaggi pericolavano, ma non cadevano. Gli acquirenti erano massaie e anziani di ambo i sessi; talvolta, i bambini scendevano da casa con pochi soldi per prendere quello che la madre aveva dimenticato. Verso mezzogiorno venivano gli uomini, sulla via di casa per il pranzo. Conoscitori del cibo, ne discutevano con i venditori, tutti maschi e di tutte le età, dagli otto anni in su. Bisognava intendersene per comprare il pesce: guardare l'occhio, osservare le branchie, informarsi della provenienza. In generale, comunque, nonni e mariti passavano dal mercato per scegliere quello che era a buon prezzo, fresco e che stuzzicava l'appetito.

Quando la moglie vedeva arrivare il capofamiglia con la borsa della spesa colma, senza una parola di rammarico metteva da parte le pietanze già pronte e ricominciava a cucinare usando quanto portato dal mercato, mentre quello le ronzava attorno dando indicazioni, facendo domande, sollevando dubbi. Non cucinavano insieme, ma il pasto era il risultato di uno sforzo comune che sanciva il rapporto di interdipendenza tra i due e la loro complicità rafforzava gli affetti esaltando i vincoli familiari. I figli piccoli di qualsiasi età aiutavano: chi lavava le verdure, chi sgranava i piselli, chi puliva i carciofi – attento a passarsi sulle mani i resti di un limone spremuto per non far annerire la pelle –, chi sventrava le sarde e toglieva la lisca per prepararle alla frittura. Lavorando e pregustando il pasto, si parlava, si rideva, ci si voleva bene. Crescendo, e con l'avvento della pubertà, i ruoli tra maschi e femmine si differenziavano secondo rigidi parametri. La cucina diventava regno e prigione delle femmine, mentre i lavori esterni – in particolare fare la spesa, ma anche la cura dell'eventuale orto di casa – appartenevano ai maschi: l'intera famiglia manteneva comunque un attivo interesse nella scelta e nella preparazione dei pasti.

La passione per i dolci è comune a tutti i siciliani e in casa Agnello non facevamo eccezione. Figlio prediletto di una gran cuoca, e dunque dal palato viziato, papà non faceva mistero della sua golosità e frequentava assiduamente le migliori pasticcerie di Palermo e della Sicilia intera. Mamma racconta che prima che io nascessi facevano centinaia di chilometri per andare a comprare la pignoccata a Messina, le olivette di sant'Agata a Catania, le pastenove a Canicattì. Mentre assaggiava, papà si guardava intorno; nulla sfuggiva ai suoi occhi piccoli e neri, frangiati da ciglia lunghissime, che scrutavano con eguale interesse i dolci esposti nelle vetrine e sugli scaffali e i rapporti tra camerieri e clienti. Conosceva personalmente proprietari e gestori delle pasticcerie e gli sembrava normale offrire i propri commenti, quando non addirittura consigli – dati con grande educazione ma con tono padronale. Quando ero piccola e non andavo a scuola, a metà mattina mi portava da Rageth&Koch, che considerava la migliore pasticceria svizzera di Palermo. La nostra famiglia era cliente da generazioni e papà conosceva tutti. Si informava sulla salute dei camerieri e dei loro familiari, poi "Come va in laboratorio?" chiedeva al gestore. E insieme a lui discuteva dei pasticcieri – notava impercettibili variazioni nello spessore degli strati della torta Savoia, nella percentuale di rum nello sciroppo del babà o nel grado di cottura delle meringhe –, della qualità e della maggiore o minore facilità di reperire determinati ingredienti. Le fragole che ogni maggio deliziavano la Palermo golosa per poche, intense settimane di goduria suscitavano appassionate discussioni. Identiche alle fragoline di bosco ma coltivate, piccole, sode, profumatissime e dolci, erano squisite. Le migliori provenivano e tuttora provengono da Ribera, un paese nella piana del Belice, sul Mar d'Africa, ma la domanda era tale che erano coltivate anche in altre zone – con risultati diversi e comunque sempre inferiori a quelli delle fragoline di Ribera. A me piaceva mangiarle da una coppa di metallo argentato, condite di sciroppo profumato alla scorza di limone e coperte interamente da un grosso fiocco di panna montata. Infilavo il cucchiaio nella panna soffice, quindi pescavo le fragoline dal fondo della coppa, portandomi via anche un bel po' di panna. Assaporavo separatamente l'una e le altre – una assoluta delizia. E intanto ascoltavo i grandi.

Mio padre era costantemente alla ricerca di nuove pasticcerie e di bravi dolcieri. Non era il solo, a quei tempi i palermitani andavano a mangiare dolci ogni mattina. Gli uomini lasciavano il lavoro per una pausa di lunghezza decisamente variabile, verso le undici, per prendere il caffè e un pasticcino e magari comprarne una guantiera per il pranzo. Infatti, quando c'erano ospiti a pranzo era consuetudine che il padrone di casa facesse trovare una guantiera di pasticcini o una torta, e che l'ospite portasse altrettanto. I tavolini sui marciapiedi, sotto gli ombrelloni, erano occupati da uomini anziani che vi stazionavano a lungo, in attesa dell'ora di pranzo, conversando o ammirando le donne che passavano; anche le signore sedevano ai tavolini, ma meno spesso e meno a lungo. Le ragazze andavano in pasticceria in gruppo, mai sole – le aspettavano, appoggiati al bancone, i giovanotti. Poteva capitare che un innamorato aspettasse la sua diletta lontano dagli altri e poi se la mangiasse con gli occhi, un comportamento considerato sconveniente.

La ricerca e la verifica delle migliori pasticcerie era insomma un'attività di tutto rispetto e inoltre offriva l'opportunità di incontrare conoscenti e di osservare il viavai di gente. Papà era stato tra i primi a scoprire una pasticceria al Borgo, nel cui laboratorio si preparavano tre pasticcini particolari: una castagna dal guscio di caramello rivestito da un leggero strato di pasta di marroni e ripieno di panna montata; una patata di pandispagna farcita di crema pasticciera e coperta di pasta reale impastata insieme al rum, con i pinoli a fare gli "occhi neri"; e certi cornetti di zucchero caramellato e mandorle ripieni di panna, i croccantini. Ciascun pasticcino poteva essere inghiottito in due bocconi. Nonostante fosse golosissimo, papà non cambiò mai taglia – come peraltro mamma, golosissima anche lei. Al minimo aumento di peso, infatti, smetteva di mangiare dolci: "Mi sento appesantito," diceva scuotendo la testa. Mamma non ne era capace: allora tagliava per sé fette di torta così sottili che non stavano in piedi sul piatto e divideva i pasticcini in quarti, servendosi quelle minuscole porzioni per gustarli tutti.

Le fette del cancelliere

D'inverno si preparavano molti dolci, sia per il pranzo sia per il tè del tardo pomeriggio – secondo mamma, il momento migliore per mangiarli. Papà era pieno di voglie; conosceva tutti i dolci del ricettario di famiglia e quando gliene veniva desiderio li chiedeva. Se si trattava di un dolce che faceva parte dei nostri menu abituali diceva: "Non si mangia da tempo..." e si aspettava di trovarlo in tavola l'indomani. (Cosa che accadeva puntualmente.) Se invece ne voleva uno inconsueto, suggeriva: "Elena, facciamo le fette del cancelliere?" – un invito a comprare gli ingredienti per quel dolce e a prepararlo quando lui era disponibile. La scena si ripeteva sempre uguale: durante il pranzo mamma diceva "Oggi è giornata da fette del cancelliere", e aspettava che papà calasse le lunghe ciglia in assenso. Nel pomeriggio papà rimaneva in salotto mentre mamma si affaccendava in cucina; lui, fumando, andava e veniva. Quando era il momento cruciale si fermava a osservare i lavori e a dare consigli: come foderare la teglia di pasta frolla e poi riempirla di crema bianca; se l'impasto di pistacchi spellati, pestati nel mortaio e misti al cileppo era abbastanza dolce o se c'era bisogno di un altro pizzico di cannella; quante scaglie di cioccolato bisognava aggiungere alla crema – senza mai sporcarsi un dito. Io ero convinta che papà avrebbe desiderato moltissimo fare i dolci, ma il suo ruolo di maschio glielo impediva. Mamma raccontava che a ventidue anni, appena sposato, papà aveva avuto un brutto attacco di osteomielite ed era dovuto rimanere per mesi sulla sedia a rotelle. Allora andava in cucina e preparava tanti dolci, tra cui un fondant squisito, da leccarsi i baffi. "Poi si riprese e in cucina non poté più andarci. Non si faceva," diceva lei con lo sguardo vago.

Quando le fette del cancelliere erano pronte noi figlie li raggiungevamo e aspettavamo insieme zio Peppino, zia Teresa e Silvano. Li annunciava il cigolio della porta finestra del balcone interno che univa i nostri appartamenti e a quel punto l'acquolina in bocca era diventata voglia. Gli zii e Silvano arrivavano auguriusi e sorridenti; i quattro grandi, seduti al tavolo di cucina, assaggiavano il dolce e lo esaminavano scrupolosamente: cottura, gusto, colore, profumo, consistenza. Chiara, Silvano e io ricevevamo un assaggio sulla forchetta delle mamme, non di più, per non sciupare l'appetito per la cena, quando ne avremmo ricevuto una porzione ciascuno. Papà, che in genere mangiava meno del robusto zio Peppino, era l'ultimo a servirsi un'altra porzione. Le fette del cancelliere era un dolce venduto al pubblico dalle monache di clausura nei tempi passati, come il trionfo della gola, le minne di vergine, le cucchitelle, i biscotti regina e i biscotti ricci, e facevano parte del ricettario di nonna Maria ereditato da mamma e zia Teresa.

Copiate a mano, queste ricette sono state distribuite in famiglia e tra amici. Oggi, grazie al computer e all'e-mail, viaggiano verso nuovi destinatari con un semplice clic.

Mamma ci raccontò più di una volta, con un risolino sommesso, che la golosità di papà aveva evitato il loro primo bisticcio da sposati, proprio il giorno delle nozze. Avevano già cenato ed erano saliti nella loro bella stanza all'albergo Excelsior di Palermo, alle Croci – quando raccontava, mamma indicava perfino l'indirizzo, era come se rivivesse quei momenti. Lei stava disfacendo la valigia, papà era andato in bagno. Ne era uscito indossando un pigiama nuovissimo di seta giallo canarino. Con cintura dello stesso colore. Vederlo e scoppiare in una risata era stato un tutt'uno, era proprio ridicolo tutto vestito di giallo. Lui si offese e si sedette sul suo lato del letto, dandole le spalle. Lei fece di tutto per fargli passare il malumore, ma invano. Papà non si girava e nemmeno le rispondeva. Allora mamma riprese a disfare la valigia e ci trovò dentro una scatola dei suoi cioccolatini preferiti, che nonna Maria aveva fatto nascondere in mezzo ai vestiti: decise di tentare quell'ultima carta. Aprì la scatola e offrì un cioccolatino a papà, ma lui lo rifiutò mugugnando. Lei sospirò e se ne mangiò uno, seduta a sua volta sul suo lato del letto, ma lasciò la scatola nel mezzo. Pian piano, papà allungò una mano e prese un cioccolatino. E poi un altro. Così fecero pace.

Condividere i lavori domestici e la cucina: sì o no?

Sempre più le coppie condividono i lavori domestici e la cucina, un tempo territorio esclusivo della donna. È bello vedere una giovane coppia con ruoli intercambiabili, sia domestici, sia riguardo ai figli. Ma lo sono davvero? Senza alcun dubbio i padri hanno imparato a cucinare, a pulire la casa e ad accudire i figli, e lo fanno egregiamente: ho avuto modo di dimostrarlo anche nel contesto delle dispute tra genitori sull'affido dei figli. Ma le donne hanno imparato a fare lavoretti di elettricità e di falegnameria e a mettere mano nel motore dell'automobile? E quanti sono i mariti che dopo aver servito l'ottimo pranzetto da loro cucinato ritornano in cucina per rigovernare senza bisogno che qualcuno glielo dica? E le donne che permettono all'uomo di imparare i compiti "femminili" senza intervenire al primo intoppo e completarli loro stesse, con o senza lamentele? Certe volte l'apparenza inganna. Ho visto coppie "cucinare insieme" quando in realtà si dividevano rigidamente i compiti: in genere l'uomo cucina e la donna pulisce e rigoverna. Ho conosciuto donne che si rifiutavano di insegnare a cucinare al marito: quando ho chiesto perché, ho ricevuto in risposta una serie di scuse, tra le quali persino quella che lui, essendo un uomo, non era capace, e che non era portato, che con i suoi tentativi aveva "rovinato" diverse pietanze e che era più pratico e veloce cucinare da sole; soltanto dopo veniva fuori il resto: le donne ammettevano di sentirsi insicure e di aver paura che, se i loro compagni avessero imparato a cavarsela ai fornelli, avrebbero potuto fare a meno di loro più facilmente. Una mi disse esplicitamente che un marito in grado di cucinare avrebbe alterato l'equilibrio della coppia. Dunque, il cucinare insieme era visto come elemento portatore di instabilità familiare. Ma l'uomo ha il diritto di avvicinarsi all'arte della cucina, e la donna dovrebbe incoraggiarlo ed essere paziente: è un atto d'amore. Allo stesso modo, l'uomo dovrebbe imparare ad assumersi la responsabilità anche di quello che viene prima e dopo il cucinare, dall'acquisto del cibo alla sua conservazione e alla pulizia della cucina.

Le considerazioni sui rapporti tra uomini e donne sarebbero interminabili. È un cammino che non finisce mai, perché la tendenza di tutti noi è di ricadere negli stereotipi dell'infanzia, o semplicemente in alcuni aspetti del rapporto uomo-donna più distruttivi che creativi. Per esempio, molti uomini che sanno cucinare sono fierissimi della loro abilità e, apparentemente, anche di quella della loro compagna: descrivono la difficoltà della preparazione di una certa pietanza, si dilungano sulla necessità di trovare prodotti freschi e maturi al punto giusto e si spingono persino a elogiare la compagna. Per poi stroncarla con un immancabile: "A me riesce meglio". E lei non sembra nemmeno accorgersene: il vero dramma è questo.

La parola a Rosario

Gli uomini di casa Lazzati

Gli uomini hanno sempre trovato il modo di infilarsi in cucina, anche solo per sbirciare o controllare, dare ordini o suggerimenti, assaggiare o preparare un piatto speciale.

A mio padre il pollo piaceva ruspante. Lo acquistava personalmente in uno dei migliori negozi di Milano, vicino al suo ufficio. Lo pagava quattro volte tanto quello del supermercato, ma non era mai pentito e portava a casa tutto fiero quel volatile dalla carne soda. Lui stesso ne ispezionava la cottura con una fugace visita in cucina. Ma per la quotidianità andava benissimo il pollo del supermercato, che a noi bambini piaceva sempre.

In casa della nonna Margherita a Forte dei Marmi, era Armando a cucinare il pollo arrosto nelle domeniche d'estate. Aveva capelli nerissimi, tanti, e denti bianchi che spuntavano da baffi sempre tagliati alla perfezione. Basso, muscoloso, con un sorriso aperto, per noi era una gioia vederlo in cucina. Di mestiere muratore, Armando diventava lo chef dei giorni di festa, quando affiancava con orgoglio la moglie Maura, cuoca "ufficiale" della nonna. Solo lui sapeva cuocere a puntino il pollo, croccante e morbido allo stesso tempo, con quel sugo denso dal gusto di rosmarino e limone. E con la sapienza antica di chi la fame l'aveva vissuta, il pollo sapeva anche moltiplicarlo, trinciandolo in pezzetti piccoli che sfamavano una vera folla di commensali.

Anche mio padre era un bravo cuoco, come del resto i suoi fratelli. All'occorrenza tutti si destreggiavano bene tra padelle e tegami perché avevano imparato in casa. Conoscevano nel dettaglio le ricette classiche della cucina milanese, quelle che zia Maria – la sorella maggiore – preparava sempre in modo impeccabile: ossibuchi con il risotto allo zafferano, minestrone con il riso, involtini di verza, frittura piccata, crema di mascarpone per il panettone. Mio padre cucinava di rado, ma veramente alla grande una volta all'anno, per Natale, quando faceva il cappone ripieno con castagne, prugne e talvolta albicocche secche – ricetta milanese con influenza austroungarica. A lui spettava peraltro il taglio di qualsiasi tipo di carne – dalla cacciagione ai filetti, dai brasati agli arrosti. Indossava un grembiule bianco e, prima di cominciare, si assicurava che i piatti fossero ben caldi, in modo che la carne tagliata non si raffreddasse. Mia madre osservava in silenzio mentre, chino e di spalle, con un coltello pesante e ben affilato tagliava con cura la carne e con altrettanta cura la accompagnava sui singoli piatti, su quello di mia madre e poi in sequenza sui nostri. I miei due fratelli hanno imparato la lezione e ancora oggi, quando ci troviamo tutti insieme nei giorni di festa, sono loro – con la stessa solenne ritualità – a tagliare la carne: il roast-beef e il bollito misto, Carlo; la lingua e gli arrosti, Paolo. Noi sorelle non abbiamo la stessa dimestichezza nel taglio della carne, anche se in cucina ce la caviamo tutte bene, con diversi gradi di passione e dedizione: Margherita è creativa e veloce; Marina cucina bene l'essenziale, con semplicità; Angela si avventura anche in piatti complessi.

Buongustaio raffinato, mio padre controllava anche la qualità degli ingredienti, mentre a mia madre era riservato il compito di coniugarla con il risparmio. In fondo alla cucina avevamo un congelatore gigantesco, esclusivamente dedicato alla carne: due o tre volte all'anno mia madre comprava un quarto di vitellone da un allevatore fuori Milano. Era un gran risparmio, ed era anche l'occasione di fare una scampagnata nel Cremonese insieme all'amica Guenda, che di figli ne aveva cinque e che acquistava un altro quarto dell'animale.

Guenda si metteva al volante della sua Seicento bianca, l'inseparabile sigaretta infilata nel bocchino. Arrivavano a destinazione con calma, per il pranzo. Mangiavano nella cascina di un contadino, poco distante dall'allevatore, poi si facevano caricare la carne sul sedile posteriore – il bagagliaio era piccolo, e comunque insufficiente per un carico così voluminoso – e rientravano in città nel primo pomeriggio quasi impennando, con l'automobile schiacciata sulle ruote posteriori. I recipienti di plastica bianca colmi di carne erano pesantissimi: per trasportarli in cucina venivano arruolati i miei fratelli e Giuseppe, il portinaio. Tutto era già tagliato, ma bisognava classificare i pezzi e sistemarli nei cassetti del freezer: un lavoro lungo e meticoloso da cui ho imparato a distinguere i diversi tagli della carne di manzo e ad apprezzare il valore gastronomico degli ossi, ingredienti insostituibili per il brodo.

La frutta non doveva perdere in freschezza e sapore, dunque bisognava sceglierla con cura, comprarla giornalmente e sempre di stagione. E mio padre dava l'esempio. Il 24 giugno, giorno di San Giovanni nonché onomastico di mia madre, portava a casa un sacchetto di ciliegie, i duroni di Vignola – mai prima, non sarebbero state mature. Aprivano l'estate insieme alle albicocche, quelle profumate e non troppo grandi, e alle pesche bianche di vigna, le più difficili da trovare. Durante le vacanze a Forte dei Marmi, mio padre si divertiva a fare la spesa in paese, quando il fruttivendolo e il pescivendolo erano ancora nella piazza del Fortino. Lui, che amava frequentare i negozi di alimentari e non aveva l'obbligo di fare la spesa quotidianamente, decantava quella che a suo parere era la grande fortuna della casalinga: poter scegliere ogni giorno ingredienti diversi e chiacchierare con i negozianti per scoprire ricette nuove. Acquistava i primi cachi all'inizio di ottobre, e i primi mandarini con le foglie ancora attaccate al picciolo all'inizio di novembre. I chichingeri erano il Natale e rappresentavano un'assoluta novità per mia madre, estranea a questa tradizione natalizia della sua città di adozione come del resto a tutta la cucina milanese. Lei, toscana, proveniva da una civiltà completamente diversa: quella dell'olio. Ma insieme a mio padre aveva sposato anche la sua cultura culinaria, cui apportava qualche aggiustamento. Aveva imparato presto a usare il burro anche nelle pietanze salate e non solo nei dolci, come usava a casa sua. Il suo risotto alla milanese era ottimo, con un tocco particolare: soffriggeva cipolla e midollo in metà burro e metà olio, anziché tutto burro, perché fosse più leggero. Faceva lo stesso con cotolette o piccatine. Senza dirlo a mio padre, che forse intuiva il trucco ma ne apprezzava il risultato. Lui, che nella civiltà del burro era nato e cresciuto, usava l'olio solo per condire l'insalata, cosa che faceva personalmente in tavola, sciogliendo accuratamente il sale nell'aceto prima di aggiungere l'olio. E mescolava il tutto a lungo, in piedi, come se officiasse un rito.

Mia madre decideva i menu della settimana, menu flessibili che lasciavano spazio all'improvvisazione. Mio padre non criticava mai a tavola un piatto mal riuscito; l'indomani, però, elogiava la qualità di una pietanza rispetto a quella del giorno prima. E tutti capivamo. Se desiderava qualcosa di speciale – l'ossobuco o il rognone di vitello trifolato, per esempio – lo chiedeva a fine pasto, in milanese. Mia madre capiva e sorrideva consenziente.

6.

La cucina, luogo di trasformazione

Per cucina si è sempre intesa la stanza in cui si prepara e si cucina il cibo, e anche la *macchina da cucina*, in muratura o di metallo, dentro cui si bruciava legna o carbone per cuocere le pietanze. Le cucine dei ricchi erano dotate perfino di un forno, mentre fino alla metà dell'Ottocento la piccola borghesia e la gente comune portavano le teglie pronte da infornare ai forni pubblici. Gli ortaggi comprati al mercato arrivavano come erano stati raccolti – sporchi e accompagnati da vermi, lumache e insetti. Polli, galline, agnelli, capretti, conigli, porcellini da latte e cacciagione erano rispettivamente da spennare, scuoiare, scotennare e sventrare; allo stesso modo, i pesci erano venduti nello stato in cui erano stati pescati e dunque dovevano essere privati delle scaglie, sventrati e puliti. Bisognava sciacquare bene questi alimenti, e poi pulire lo sporco che avevano lasciato. Ma le provviste di acqua erano esigue – l'acqua in Sicilia era scarsa – e dunque nelle cucine la lotta quotidiana tra pulizia e sporcizia non aveva mai fine.

Ricordo la cucina seicentesca del palazzo di una prozia, rimasta tale e quale. Piastrellata con mattonelle di ceramica bianche con arabeschi blu, marroni e bianchi, era grande quanto la sala da pranzo. Aveva quattro porte e un largo balcone, da cui proveniva lo schiamazzare dei polli tenuti in gabbia in attesa che venisse tirato loro il collo. La prima porta dava sul ballatoio della scala di servizio, che fungeva anche da estensione del riposto e da parcheggio delle ceste con cui i contadini portavano le provviste dalla campagna; la seconda si apriva sulla stanza interna in cui si facevano i lavori di macelleria, si spennavano i volatili e si pulivano cacciagione e pesce, dotata di un gettatoio di pietra che portava gli scarti direttamente al pozzo nero. La terza porta dava sul riposto e la quarta, più larga, conduceva attraverso l'anticucina e la stanza degli armadi alla sala da pranzo. La cucina era divisa in zone diverse: quella dove si cuoceva – un forno ad angolo accanto al camino monumentale e poi il bancone lungo la parete rivestito dalle stesse mattonelle del pavimento, con i fori circolari dei fornelli alimentati, da sotto, a legna; accanto – sotto il ripiano di marmo che univa i fornelli alle tre vasche di ceramica per pulire verdure, sciacquare carne e pesce e, dopo pranzo, lavare pentole piatti posate e bicchieri –, stavano la damigiana dell'olio di oliva e le quartare dell'acqua. Allineate sul lato opposto, c'erano le madie di legno verniciate di grigio, in cui si conservavano pane, biscotti, zucchero e farina; i cassettoni per le posate; gli innumerevoli stampi e forme per la pasticceria – quelli di ferro rotondi con i bordi svasati per le cassate, altri a ciambella per i budini, altri ancora per i biscotti; quelli bianchi di calce e gesso per gli agnelli pasquali di pasta reale; quelli gialli di ceramica lucida per le cotognate; le canne per i cannoli. Infine, i banconi dai grandi sportelli che contenevano pentole e padelle.

Lungo le pareti a calce, negli spazi liberi, erano appesi su ganci equidistanti scolapasta, imbuti, colini, setacci, teglie, spiti e spitini, tutti ordinati per grandezza, e poi una serie di utensili giganteschi: mestoloni, coppini, coltelli dalle lame lunghe e corte, coltellacci per scannare gli animali, seghe, forbicioni. Il centro della stanza era occupato da due tavoli di appoggio e di lavoro: lunghi e stretti, avevano otto grosse gambe ciascuno, per reggere gli spessi ripiani di marmo. Sotto i tavoli, seminascoste, le panche per il pasto delle persone di servizio. Mancavano, in quella cucina, le sedie: ai lati del balcone, tra i cesti delle verdure di uso immediato, si intravedevano due sgabelli per le donne che spennavano i volatili – tutti gli altri lavori si facevano in piedi. Non c'era pattumiera, perché non c'era nulla da gettare: dagli ossi e dai ritagli di carne si faceva il brodo; i resti sui piatti della famiglia si mettevano nel pentolone annerito riservato al cibo dei cani, dove ogni mattina si bollivano le bucce delle cipolle e delle patate, le foglie dure delle verdure e gli avanzi andati a male. I gatti invece ricevevano soltanto i resti del pesce, quando c'era: dovevano rimanere affamati per acchiappare i topi.

Con il passare del tempo, apparvero nella cucina della zia fornelli a gas alimentati da una bombola verde e rubinetti di acqua corrente calda e fredda; nell'anticucina, un frigorifero, con tanto di chiave. Soltanto la famiglia, compresi noi bambini, aveva il diritto di aprirlo.

La cucina di casa nostra, ottocentesca e ben più piccola, non aveva forno ma – se si eccettua il fatto che da noi il frigorifero non fu mai chiuso a chiave – per il resto non era molto diversa. Un giorno spuntò un forno elettrico di metallo, un parallelepipedo dagli angoli smussati e interamente laccato di celeste con puntini bianchi e neri; lo aveva comprato papà a una fiera, nel Nord Italia, e sedeva trionfante accanto ai fornelli a gas. Mamma lo usava di rado. Dapprima dichiarò che l'elettricità costava cara e che preferiva usare il vecchio forno di metallo nero, quello che si poggiava sul fornello a gas. Poi disse che il forno elettrico riscaldava troppo. Infine, lo fece portare via. Fu sistemato vicino alla caldaia del termosifone: lì c'era lo sgabello di Paolo, l'autista, che d'inverno badava alla caldaia. Nessuno osava posare qualcosa sopra il forno ed era spolverato rispettosamente, ogni giorno. Io, che passavo ore ad ascoltare i cunti di Paolo, pian piano presi coraggio e, anziché sedermi sugli scalini di legno che portavano alla lavanderia, mi appollaiavo sul forno elettrico. Era freddo, sempre, e quella mi sembrava la giusta punizione per lo scarso rispetto con cui trattavo quel marchingegno che veniva da lontano.

Il miracolo economico degli anni sessanta portò le cucine belle e fatte, con sportelli pensili. Ma non nelle nostre case, dove invece fu accolta con entusiasmo la frusta elettrica per montare gli albumi e la panna e battere zucchero e burro – una grande innovazione –, assieme alle spatole di plastica. La prima cucina "moderna" la vidi a Palermo, in casa di una compagna di scuola figlia di toscani; rimasi a bocca aperta: da mangiare non si vedeva nulla. Era tutto nascosto dietro gli sportelli, sembrava il laboratorio di un analista.

Ai cambiamenti del quotidiano ci si abitua facilmente e quello delle cucine, del loro arredamento e uso, per me è l'esempio tipico. Dopo essermi trasferita all'estero, ogni volta che tornavo in Sicilia trovavo più cambiamenti nelle cucine che nelle altre stanze. Era come se la frenesia di modernità si fosse concentrata lì prima che altrove. Oggi ci sono meno persone di servizio, a volte nessuna, e allora i bambini – quando non tutta la famiglia – mangiano in cucina, su sgabelli e tavoli dalle linee modernissime, parti integranti della cucina di design. La spesa si fa al supermercato e si compra tutto confezionato, anche se molti a Palermo insistono nello scegliere frutta e verdura sulle bancarelle. Oggi i vecchi mobili di cucina sono quasi scomparsi e i pensili imperversano ovunque.

La vera rivoluzione, però, è avvenuta nelle famiglie che hanno goduto i vantaggi del miracolo economico. Possono mangiare meglio e hanno maggiori possibilità finanziarie: prima hanno comprato la macchina da cucina con il forno, poi il frigorifero, poi ancora il freezer e infine una cucina di lusso, bella come un salotto, con gli sportelli dei pensili – e perfino quelli del forno, del frigorifero e della lavastoviglie, l'ultima arrivata – in finto noce, finto acero o finto ciliegio, decorati da cornici, volute, medaglioni, negli stili più immaginativi: Rinascimento, solido, geometrico e scuro; Rococò, vezzoso e dai colori tenui; Far West, o saloon, per effetto della globalizzazione. Le mattonelle alle pareti sono invariabilmente colorate e decorate, con fiori o disegni ispirati alla tradizione della ceramica italiana o spagnola. Il minimalismo e l'uso del cristallo sono meno graditi.

La mia prima impressione, entrando in una di queste cucine, è stata di trovarmi in una sacrestia: un posto in cui ci si prepara al rito del pasto ma non lo si celebra. Uno spazio dove non si cucina. E in realtà non mi sbagliavo, perché con il tempo mi sono accorta che i proprietari di queste cucine sfarzose hanno mantenuto uno stanzino dove è stato trasferito il vecchio fornello a gas, accanto al lavatoio: è lì che cucinano. Poi magari mangiano in cucina, ma preferibilmente hanno anche una sala da pranzo. La cucina allora assume un aspetto museale e sui ripiani, accanto agli elettrodomestici – poco utilizzati ma accuratamente ricoperti da fodere di cretonne su misura –, sono esposti tutti i moderni oggetti di ceramica che fanno parte dell'arredo: il cuoco con lo stomaco a otre perforato da buchi dove si inseriscono cucchiai di legno immacolati; boccali zoomorfici che non hanno mai contenuto nessuna bibita; ciotole colme di frutta di ceramica; e poi clessidre per controllare i tempi di cottura, orologi, vassoi, vassoietti e una collezione di bomboniere di matrimoni, battesimi e prime comunioni spesso intatte, con i confetti avvolti nel tulle polveroso. Alle pareti, contenitori in vetro per riporvi utensili o erbe e conchiglie di ceramica per tutti gli usi.

Queste cucine monumentali della piccola borghesia, più di quelle di design dei ricchi, segnano la decadenza gastronomica della mia gente.

Da allora nutro profonda antipatia per le cucine in cui il cibo non è a vista e dove è impossibile prepararsi un caffè senza aprire sportelli, cassetti, armadietti alla ricerca della caffettiera, dello zucchero e del caffè, del cucchiaino – per non parlare del vassoio. Nella mia casa di Oxford, e poi in quella di Dulwich, le cucine avevano le pareti interamente coperte di scaffali su cui erano sistemate padelle, pentole, elettrodomestici, stoviglie, piatti, posate, tazze, bicchieri e tutti gli ingredienti: pacchi di pasta, farina, legumi, zucchero, caffè, tè e biscotti; insomma, quello che di solito si tiene nel riposto e negli armadi era in mostra per rendere facile cucinare a me, ai figli e ai tanti ospiti che passavano da casa nostra. Un tripudio di colori, forme e odori, come pensavo io, o un ambiente caotico, come dicevano molti altri. Ma io ci stavo bene e rimpiango ancora quegli amatissimi scaffali, abbandonati per le cucine moderne trovate negli appartamenti in cui mi sono trasferita quando i figli hanno lasciato casa – cucine ostili agli ospiti come ai padroni di casa.

7.

L'ospite migliore

I conviti, nel senso che noi diamo a questa parola, sono cominciati nella seconda età del genere umano, ossia nel momento in cui esso cessò di nutrirsi di sola frutta. La preparazione e la distribuzione delle carni hanno avuto bisogno della riunione della famiglia, in modo che i capi distribuissero ai figli il frutto della caccia e i figli adulti rendessero poi lo stesso servizio ai genitori invecchiati.

Queste riunioni, limitate dapprima ai parenti più stretti, si sono estese via via ai vicini e agli amici.

Più tardi, e quando il genere umano si fu diffuso, il viaggiatore stanco andò a sedersi a quei conviti primitivi, raccontando ciò che aveva veduto nei paesi lontani. Nacque così l'ospitalità con i suoi diritti reputati sacri in tutti i popoli, poiché non ve n'è alcuno così feroce che non abbia ritenuto un dovere rispettare la vita dell'uomo con il quale aveva accettato di dividere il pane e il sale.

JEAN-ANTHELME BRILLAT-SAVARIN, *Fisiologia del gusto o Meditazioni di gastronomia trascendente*, Meditazione XIV, p. 154.

Siamo esseri sociali e i rapporti con gli altri sono importanti, nel privato come nel pubblico. Le feste, in particolare, sono il collante del popolo.

Le feste religiose dei paesi, in Sicilia, coinvolgono tuttora l'intera comunità, annullano le differenze di classe, uniscono la gente e attirano visitatori dalla provincia e perfino da lontano: per motivi religiosi, campanilistici e, soprattutto, per la goduria collettiva. La gente del luogo assume il doppio ruolo di anfitrione e di ospite. Tutti, ricchi e poveri, credenti e non credenti, gli uni accanto agli altri, sono uniti dalla volontà di dar valore alla tradizione, di ribadire la propria identità e di divertirsi insieme a sconosciuti che per la durata della festa si trattano come amici. La sera il cielo è squarciato dai fuochi di artificio, visibili a distanza. Il cibo in vendita sulle bancarelle è alla portata di tutte le tasche: ceci abbrustoliti, semi di zucca salati e passati al forno, babbaluci, panini ripieni di panelle, milza, crocchette di patate, e una miriade di sfincioni e sfincionelli – da mangiare in piedi e camminando. I dolci tradizionali – quadratini o rombi di zucchero duro dai colori delicati, rosa giallo lilla celeste –, decisamente stucchevoli, invitano ad acquistarli non tanto per il sapore quanto per il piacere di tenerli in mano, toccarli e portarli alla bocca.

In Inghilterra, il mese di dicembre è il periodo delle feste aziendali. Organizzate esclusivamente per il personale, sono riunioni in cui si mangia e si beve a volontà: c'è sempre una tavola imbandita di leccornie e non mancano i buoni vini. I dirigenti sanno che sono soldi ben spesi, le feste aziendali rinsaldano la lealtà del personale e la coesione dei gruppi di lavoro.

Le feste di famiglia sono diverse. Celebrano un individuo e la propria *gens*, e appunto per questo possono essere occasioni di disaccordi e liti, che in modo perverso confermano l'importanza della famiglia. La nostra vita è scandita da celebrazioni di nascite, matrimoni, compleanni e anche funerali, che nel mondo anglosassone e irlandese finiscono con un discreto tè rinforzato da sherry o addirittura con una grande abbuffata e bevuta per celebrare la vita del defunto. Ricchi e poveri spendono molto per le feste di famiglia. Dall'India alla Sicilia, c'è chi si indebita o rimanda le nozze dei figli fino a quando non avrà la disponibilità per mettere insieme una dote e preparare una festa strepitosa.

Cucinare è un rito, sia nella preparazione, sia nella cottura dei cibi e persino nella pulizia di piatti e utensili. Come tanti riti, rilassa e induce la meditazione.

Nella normalità della vita ci si riunisce anche per divertirsi insieme e rimanere in contatto, per socializzare – ricevimenti, banchetti, pranzi, cene, un semplice tè pomeridiano, gite e scampagnate. Il modo di ricevere dei padroni di casa e la qualità di cibo e bevande sono fondamentali per la riuscita di queste riunioni. Nelle culture più primitive l'ospitalità era sacra: una bella cosa. Continua a esserlo marginalmente; tuttora, per qualcuno, il semplice sparlare di colui con cui si è condiviso il cibo è considerato un tradimento, ma in realtà nei rapporti sociali del nostro continente questo rispetto reciproco è quasi inesistente. Dei tempi antichi è rimasta soltanto l'abitudine di servire i vini migliori e di preparare le pietanze più ricercate e costose quando ci sono invitati, a scapito della famiglia stretta. Nel dopoguerra, la padrona di casa inglese mormorava ai familiari "FHB", acronimo di "family hold back", e figli e marito dovevano limitarsi a piccole porzioni per lasciare agli ospiti l'opportunità di servirsi abbondantemente, una o due volte; ormai desueto, FHB era un modo rispettoso ed equilibrato di gestire l'ospitalità in un'Inghilterra che era stata l'ultima nazione europea ad abolire il razionamento del cibo introdotto durante la Seconda guerra mondiale. Badare così al benessere dell'ospite avrebbe sicuramente incontrato l'approvazione di Brillat-Savarin: compito di una padrona di casa è rendere felici gli ospiti per tutto il tempo della loro permanenza sotto il suo tetto, e l'abbondanza del cibo è rilevante.

D'altro canto, il benessere dell'ospite non si raggiunge incoraggiandolo a mangiare e a bere in eccesso, e nemmeno preparando un numero spropositato di pietanze. Certe volte – troppe – la dovizia di una tavola imbandita è dovuta alla vanità e alla voglia dell'anfitrione di far bella figura, anziché a un genuino desiderio di offrire un ottimo pranzo e di rendere felici gli ospiti nel sobrio rispetto del buon gusto. In Sicilia quando ci sono molti invitati si allestisce una tablattè, una lunga tavola su cui si dispongono le varie pietanze, dolci e salate, e da cui gli ospiti si riempiono il piatto a piacimento: la tablattè dev'essere rifornita costantemente per rimanere piena fino alla fine – uno spreco, un esempio di istigazione all'ingordigia. Ho riscontrato lo stesso comportamento nei paesi arabi. Il troppo offrire, assieme ai ripetuti incoraggiamenti a servirsi, ad assaggiare un manicaretto o la specialità della padrona di casa – endemici nella mia Sicilia –, trasforma un'esperienza gastronomica che dovrebbe essere piacevole in un ingozzamento infernale.

Per onorare l'ospite o impressionarlo non ci si limita al cibo. Si tirano fuori le suppellettili migliori e si mangia nella sala da pranzo, anziché accanto alla cucina o addirittura in cucina. L'apparecchiatura della tavola cambia, quando ci sono ospiti di riguardo: è curatissima, e dipende sia dall'ospite, sia dall'occasione del convito. In tutte le case ci sono scaffali, sportelli, armadi o – nelle case di ricchi – perfino intere stanze in cui sono conservate le "cose buone": servizi di piatti, bicchieri e posate, spesso regali di nozze o oggetti tramandati in famiglia, alcuni rari, altri costosi o semplicemente di valore affettivo, servizi che sarebbe difficile o impossibile rimpiazzare interamente o anche soltanto in parte e dunque da usare per le occasioni speciali. O mai.

Aiutare mamma a mettere in ordine l'armadio dei servizi da tavola "buoni" – porcellane, cristalli, argenti – era godimento ma anche sofferenza. L'attenta padrona di casa si dedicava all'operazione una volta all'anno; da noi, in primavera. Mamma girava la chiave nella toppa con fare solenne e apriva cauta le ante scricchiolanti; quando erano spalancate faceva un passo indietro e ispezionava gli scaffali come un generale che passa in rassegna le truppe: schiena dritta, mani conserte, assorta, impassibile. Poi iniziava a rassettare la roba accatastata e sceglieva cosa mettere da parte, per lavarlo o lucidarlo. Anche i piatti, coperti da un quadrato di lino bianco, avevano una leggera patina di polvere. Di tanto in tanto mamma sollevava ora una fruttiera, ora un bicchiere di Baccarat, ora una saliera, una brocca, una salsiera, e vi passava sopra la mano, come se l'accarezzasse. Poi faceva toccare l'oggetto a me, a volte persino dandomelo in mano, e me ne raccontava la storia. "Questo viene da zia Graziella," diceva, sollevando un vasetto decorato di smalto blu in stile Liberty, "non le piaceva, per questo me lo regalò." Poi aggiungeva con un sorriso malizioso: "Farebbe gran figura come centrotavola sulla tovaglia di bisso celeste ricamata a fiorellini rosa!". E spiegava senza alcun rancore che quella zia, sorella di suo padre, preferiva i figli delle sorelle: a loro faceva sempre bei regali, mentre a lei e ai suoi fratelli dava poco e niente. Lo sguardo sognante di mamma indugiava sullo scaffale dei bicchieri, tutto luccicante; prendeva un bicchierino da liquore dalla coppa minuscola e dal piede di cristallo intagliato, perfettamente proporzionato, e passava il dito sul bordo liscio; le bugne riflettevano la luce in bagliori. "A nonna Maria," diceva rivolta a me ma in realtà parlando a se stessa, "piaceva sorseggiare il vino da tavola dolce, a fine pranzo", e riponeva il bicchierino insieme agli altri. Mi faceva vedere le tazze di porcellana dipinta a fiori e oro, con il coperchio dal pomolo a forma di frutto, in cui si serviva il consommé. "A casa nostra, mamà lo voleva bollente, noi figli dovevamo aspettare, altrimenti ci saremmo bruciati la lingua!" Osservava i vasetti del centrotavola preferito da sua madre e spiegava, con un sorriso triste, quanto fossero stati belli, colmi di mughetti – i fiori prediletti della nonna – o di gerani. Raccontava dei tempi di guerra, quando si era sposata, e dei modesti regali di nozze ricevuti in quel brutto periodo di sanzioni e autarchia. "Le porcellane italiane della Richard-Ginori mi piacciono più di quelle straniere, che peraltro erano introvabili," e indicava, sulla tazza beige dal bordo dorato, il delicato disegno blu e oro dei petali filiformi del soffione dipinto a mano; era il servizio da tè preferito, regalo di nozze di zio Stanì. Mi porgeva la tazza – larga e sottilissima, sembrava fragile e invece era dura e resistente. "Non farla cadere," mi ammoniva, "se si rompe non potremmo permetterci di ricomprarle." Subito mesta, aggiungeva: "Una volta se ne ruppe una e il servizio ora è incompleto..." concludendo con un sospiro struggente, "...per sempre, non potremo mai rimpiazzarlo". Quelle parole, ripetute ogni anno, erano un rito. E mi si conficcavano dentro come spine. "Se non usiamo mai questo servizio, che importanza ha che ce ne siano undici tazze soltanto?" cercavo di consolarla, invano.

"Verrà il tempo per usarlo. E sarà incompleto," rispondeva lei malinconica.

Quel tempo non venne mai. Il servizio ora è con me, a Londra, amatissimo e usato, con poche tazze superstiti. Avevamo altri bei servizi, anche quelli usati raramente. Il servizio di piatti preferito di mamma rimase nell'armadio, dov'è tuttora insieme ai bicchieri di Baccarat, al centrotavola di Capodimonte, all'argenteria antica, alle tovaglie con il pizzo di Cantù – mai usati.

Perché tenerli nell'armadio?, pensavo, ma non osavo chiedere. Perché gli ospiti migliori a casa nostra non eravamo noi, la famiglia stretta? Era uno dei grandi dilemmi della mia infanzia. Perché conservare cose che non usavamo? Perché non ce le godevamo? E perché si mangiava meglio quando c'erano ospiti? Non capivo. Mi struggeva sapere che ogni anno mamma avrebbe tirato fuori e pulito tutta quella roba e poi l'avrebbe riposta, ben lucidata, sugli scaffali. Per non usarla. Mai. E così è avvenuto: soltanto in occasione del mio fidanzamento emerse dall'armadio un servizio di porcellana francese comprato da un antiquario quando i miei genitori erano in viaggio di nozze. Tutto il resto è rimasto inutilizzato, da più di sessant'anni, in quello stesso armadio.

Ora però mamma non rassetta più, e lo strato di polvere si è ispessito.

Da sposata, la mia sola trasgressione agli insegnamenti di mia madre è stata proprio questa: a casa Hornby i piatti "buoni" si usano ogni giorno e i bicchieri di cristallo escono dall'armadio quando mi viene in testa, e sempre per i compleanni dei nipotini, senza alcuna paura di rotture – che avvengono, ma non importa. I centrotavola con fiori adornano la mia tavola anche quando mangio da sola e i miei bicchieri di vetro vittoriano, sottilissimo e con il bordo inciso, regalo della mia prima amica inglese, Sylvia, vivono in salotto su un vassoio, insieme alla bottiglia di cristallo in cui tengo lo sherry. Le bottiglie per la verità erano due, ma Chippy, il nostro collie, ne fece cadere una, travolgendo anche qualche bicchiere.

Ho lo stesso atteggiamento nei riguardi delle tovaglie impreziosite da ricami e dell'argenteria: le uso regolarmente. Se ho in casa dei cibi costosi li mangio, se ho dei vini d'annata li bevo. Mi sono data, a questo proposito, cinque norme, tutte per me. Le poche volte che me ne sono allontanata ho avuto modo di pentirmene, subito.

1. *È giusto che io, per prima, goda di quello che possiedo, e dopo di me le persone a me più care – familiari e amici –, a preferenza degli estranei per i quali non bisogna mai strafare.*

Ricordo penosamente che tanti anni fa decisi di ospitare una coppia di francesi che si erano presentati una sera all'ospedale del quartiere. Non parlavano inglese e il medico di guardia, un mio amico, chiese aiuto a me e alla nostra au pair, una parigina. La coppia ci spiegò che erano venuti in automobile da Parigi per un aborto, allora vietato in Francia; avevano speso tutti i loro denari per fare benzina e avrebbero dovuto aspettare fino all'indomani per prelevarne altri dalla banca. La donna accusava dolori al ventre e piangeva. Mio marito era in Nigeria e decisi su due piedi di ospitarli. Sembravano innamorati e pietosissimi: avevano già una bambina di un anno e non potevano permettersi un altro figlio. Non sapevo cosa fare per alleviare il loro dolore e rendere confortevole la loro permanenza in casa mia. Servii loro il brodo di pollo riservato ai miei figli, che dovettero accontentarsi ancora una volta della pasta al pomodoro, scongelai due belle fette di filetto e diedi loro la stanza da letto migliore. Rimasi a parlare con loro fino a tarda notte. L'indomani se ne andarono pieni di gratitudine, portandosi dietro il mio Rolex, che era appartenuto al nonno, e il mio libretto degli assegni.

2. A casa mia io sono l'ospite migliore, e subito dopo viene la mia famiglia. Dunque devo cucinare ogni pasto al mio meglio e con i migliori ingredienti. Quando ho ospiti non devo tentare di fare più del solito – verrà male.

Quando vivevamo a Oxford, ormai una quarantina di anni fa, ricevemmo a casa il professore che era stato relatore della tesi di mio marito e al quale di recente era stato assegnato il premio Nobel per l'economia. Non era la prima volta che Bob Solow cenava da noi, ma, tutta presa dalla gloria del premio, cercai di fare più del solito. Giorgio, il mio primogenito, aveva tre mesi, ed era la prima volta da quando era nato che ricevevo molta gente. Qualche giorno prima avevo cucinato delle ottime lasagne e le avevo congelate (mamma le toglieva dal freezer sei ore prima di infornarle e le lasciava sgelare nel frigorifero) insieme a delle scaloppine al marsala. Avevo preparato persino un semifreddo di pistacchio. Il giorno del pranzo c'era un bel sole e il giardino d'autunno era uno spettacolo di foglie rosse e dorate. Contenta, mi dedicai alla casa e alla tavola. Giorgio collaborò comportandosi benissimo e quando, mezz'ora prima che arrivassero gli ospiti, ispezionai la casa notai con piacere che era tutto a posto. Aggiunsi un cucchiaio di marsala e un pugno di prezzemolo alle scaloppine che bofonchiavano nella padella, a fuoco lento, e riempivano la cucina del denso aroma di carne e vino, e del profumo fresco e pungente del prezzemolo; il purè di patate era caldo e la crosta sulle lasagne perfetta: la béchamel faceva le bolle e si stava dorando.

Quando portai le lasagne a tavola le altre mogli mi accolsero con grandi complimenti, che in Inghilterra vengono fatti non dopo aver assaggiato le vivande ma al loro apparire: "How wonderful!", "How delicious!", "Clever you, Simonetta!".

Il piatto di portata girava tra le signore e io cominciai a notare delle difficoltà. Una non riusciva a prendere le lasagne con il cucchiaio, un'altra stentava a ficcarvi il coltello, finché cominciarono a tagliare le porzioni dai bordi. Quando le lasagne arrivarono a me mi resi conto che il centro era rimasto gelato – i tempi di scongelamento siciliani erano più brevi di quelli inglesi! Mi servii, tutta sudata, e intanto pensavo a come affrontare la situazione. Confessare l'errore? Ma nel frattempo ciascuna delle mie commensali cercava di ridurre le lasagne in una poltiglia mangiabile – chi le tagliava in minuscoli quadratini, chi schiacciava il ripieno congelato con la forchetta spargendovi sopra la béchamel bollente – e si sdilinquiva, nonostante tutto, in folli complimenti. A quel punto non potevo ammettere di avere sbagliato. Pensai per un attimo di annunciare che quello era il "famoso e raffinato" semifreddo di lasagne siciliano, più adatto in verità a un giorno d'estate ma sempre ottimo, aggiungendo che aveva un gusto inconsueto e una consistenza tutta sua: "Spero tanto che vi piaccia," avrei concluso con un sorriso. Ma non ne ebbi il coraggio. Risolsi di stare zitta e di aspettare che dicesse qualcosa mio marito; lui in genere non me ne risparmiava una: sosteneva con uno strano orgoglio che le mie pietanze si presentavano a tavola splendidamente, e che talvolta – ma non sempre – erano anche ottime. Vidi che ne aveva presa una cucchiaiata e che non l'aveva degnata di uno sguardo: non l'assaggiò nemmeno. Gli uomini chiacchieravano contenti sorseggiando il vino e sgranocchiando grissini e tanto pane. Riempii di nuovo il cestino, poi, con imperdonabile faccia tosta, feci girare nuovamente le lasagne tra gli ospiti, che riuscirono a prenderne un altro po', appena sgelato.

Quando rimanemmo soli, volli sapere da mio marito perché non avesse detto nulla. "Non ci ho fatto caso, e anche nessuno dei miei amici ci ha fatto caso, eravamo presi dalla conversazione; sei stata brava, almeno la carne era caldissima, e ottima."

3. Se indulgo in un sano egoismo gastronomico, sarò meglio disposta a essere una padrona di casa generosa.

Adoro i loti, frutto rarissimo in Inghilterra. Qui si vendono gli Sharon Fruit, imparentati con i nostri loti ma decisamente inferiori. Mamma me li mandava tramite amici o me li portava lei stessa, avvolti in carta di giornale e messi stretti stretti in una di quelle scatole di metallo rotonde in cui un tempo viaggiavano le cassate. Mangiavo i loti da sola e non li offrivo nemmeno ai miei figli, che non ne erano incuriositi e preferivano altre prelibatezze portate dalla nonna. Occhio che non vede, cuore che non duole, mi dicevo, e quando i bambini mi chiedevano: "Sono buoni?" facevo una smorfia e rispondevo: "Così così".

Con il tempo anche i miei figli conobbero le delizie dei loti, ma, essendo generosi e buoni di cuore, li assaggiavano e li lasciavano quasi tutti a me. Una volta avevo ospiti e, siccome andavo di fretta, nel preparare la fruttiera dimenticai di togliere i loti appena arrivati dalla Sicilia. Gli ospiti andarono in sollucchero, e ne fecero piazza pulita. La mia serata a quel punto era rovinata. Ero distratta, scontenta, ma soprattutto avevo l'acquolina in bocca pensando ai miei loti: avrei dovuto aspettare un anno intero per gustarli di nuovo! Ho imparato a servirmene prima di tutti, preferibilmente in cucina e da sola, e in generale applico lo stesso principio a tutte le cose che mi piacciono. Poi, se mi dice la testa, posso anche offrirli.

4. *Non devo attaccarmi alle cose, e non devo soffrire se le perdo o si rompono.*

Ero adolescente quando lessi una novella di Maupassant, *Le collier.* È la storia di due amiche, una ricca e l'altra povera. L'amica povera riceve un invito a un gran ballo in un palazzo nobiliare. Ma non ha gioielli da indossare e l'amica ricca le presta un collier di diamanti, che le scivola via dal collo e non viene più trovato. Disperata, la donna persuade il marito a impegnare tutti i loro beni per comprarne una copia esatta: il collier viene restituito all'amica, che non si accorge della sostituzione. Marito e moglie vivono una vita miserabile e infelicissima. Solo molti anni dopo, quando sono ormai anziane, la donna osa raccontare all'amica ricca cosa è successo. "Avresti dovuto dirmelo, era soltanto una copia di vetro, da pochi soldi!" le risponde quella ridendo.

Quella storia mi colpì moltissimo: decisi che avrei dato poco valore alle cose e che avrei cercato di godere di quello che appartiene a tutti – la natura, i palazzi e le chiese, i musei. Risale ad allora la consapevolezza del mio amore per Monte Pellegrino, il promontorio di Palermo, che ho sempre sentito fortemente "mio". A diciassette anni, questa mia risoluzione venne messa a dura prova. Ero a Cambridge da poche settimane per imparare l'inglese; vi sarei rimasta per quattro mesi. Telefonare a casa costava caro ed era complicato, si faceva attraverso il centralino. Per risparmiare spazio avevo messo nel portafogli rosso, regalo della mia madrina, una fotografia formato tessera di papà da giovane, una di mamma e una, recente, di mia sorella Chiara; un pacchetto di cannellini della antica confetteria Sacchiero – minuscole schegge di cannella avvolte in pasta di zucchero vanigliato che sciogliendosi in bocca sprigionano lentamente la vaniglia e poi, a poco a poco, il sapore della cannella – e la lettera del mio primo amore. Non sapevo a quei tempi, né presentivo, che quella sarebbe stata l'unica che avrei mai ricevuto.

Un giorno il portafogli mi scivolò per terra, senza che me ne accorgessi, mentre andavo in bicicletta. Andai in questura: "Probabilmente lo hanno buttato via dopo aver preso i soldi, è molto poco probabile che lo riabbia indietro". Piansi quasi tutta la notte: temevo di dimenticare il viso dei miei genitori e di Chiara e cercavo di ricordare il contenuto della lettera d'amore – era dell'anno precedente.

Due giorni dopo fui convocata alla stazione di polizia. Mi restituirono il portafogli rosso e c'era dentro tutto, tranne i denari: cinque sterline. "La prossima volta stia attenta," mi disse il poliziotto con fare paterno, "è stata fortunata." Lo ringraziai e me ne scappai via. Appena fuori mi fermai, contro un muro. Tirai fuori le fotografie, le guardai intensamente e le memorizzai. Feci per assaggiare un cannellino, ma non lo desideravo. Aprii la lettera dell'innamorato di un tempo, mi sembrava diversa. Poi ripresi a camminare, diretta a scuola; ribollivo di rabbia contro me stessa. Avevo pianto e mi ero disperata per dei pezzi di carta, per degli oggetti inanimati. Per delle *cose*! Passai sopra un tombino e feci cadere il portafogli attraverso la grata, di nascosto, e affrettai il passo per paura che qualcuno mi inseguisse per convincermi a cercare di ripescarlo. Da allora guardo bene le cose che posseggo e che mi piacciono, e le memorizzo. Ho subìto furti e ho perduto tante cose, ma non me ne sono mai addolorata. Qualcun altro ne godrà, o saranno andate distrutte. In ogni caso, non sono degne delle mie lagrime.

5. *Farò di tutto per mettere a proprio agio i miei ospiti, ma non inviterò mai in casa mia gente che non mi piace.*

Raramente mi sono trovata a dover intrattenere in casa gente che mi è antipatica. Una volta, a Londra, dovetti preparare la cena per una donna infida che aveva conosciuto mamma e voleva venire a salutarla. Era inverno e non era il caso di portare mamma al ristorante, perciò non avevo scelta. Mia sorella mi prendeva in giro, perché vagavo per la cucina cercando di decidere cosa *non* servire a quella. "Il pollo agglassato no, è troppo buono, e nemmeno le polpette, si impastano e si modellano nel cavo della mano, con amore. Il salmone neppure, costa caro, e la torta di noci è per i figli." Decisi di fare un gâteau – o, come lo chiamiamo a Palermo, gattò – di patate utilizzando i resti che avevo in frigorifero, poi contorno di insalata e infine macedonia di frutta. Purtroppo, i resti nel frigorifero erano di pesce. "In genere il gattò si fa con un ripieno di carne e verdure," azzardò timidamente mamma, sempre discreta. "Forse lo sgombro sarà una bella variante," si affrettò ad aggiungere, ma non sembrava entusiasta. Io però non avevo nessuna intenzione di andare al supermercato per quella! Così doveva essere, gattò di patate con sgombro, béchamel e piselli. Lo preparai scontenta; avevo dimenticato di aggiungere il parmigiano alle patate e mia sorella era arrivata proprio in tempo per assaggiarlo e farmelo notare. Mamma intanto sbucciava la frutta rimasta e la tagliava a tocchetti piccoli piccoli, come solo lei ha la pazienza di fare. Le banane erano vecchie e bisognava togliere la parte scura. Lei ogni tanto sospirava: "E dire che ci sono tante belle banane, qui a Londra...". Io, per tutta risposta, le passai il cestino delle mele del giardino, piccole e aspre. Mamma le guardò. "Dobbiamo aggiungere anche queste? Allora mettiamo il succo di amarena, per addolcirle..." propose. "Basta lo zucchero!" risposi brusca io.

Eravamo finalmente a tavola. Non avevo cambiato la tovaglia anche se aveva una macchiolina di vino e avevo preparato tutto per bene, ma di malagrazia. Andai in cucina per tirare fuori dal forno il gattò: era stato cotto in una teglia con la cerniera e, tolto il cerchio, posai il fondo della teglia sul tavolo per farlo scivolare sul piatto di portata. Paf! Il mio gattò si ritrovò a faccia in giù sul pavimento bianco e nero. Disastro. Non mi era mai successo prima. Non mi persi d'animo. Aprii, veloce, un'altra teglia a cerniera, più grande, e, passato il fondo sotto quella poltiglia, la sollevai e la capovolsi perfettamente al centro del piatto di portata. Poi presi dal frigorifero un rimasuglio di salsa di pomodoro e lo sparsi sul gattò, aggiunsi del parmigiano e tante foglioline di basilico, come se fosse una pizza. Il gattò squacquaracchiato si era trasformato in un piatto bellissimo e profumato.

A tavola mamma si servì senza dire una parola, ma mentre mangiava la vedevo sollevare con la forchetta le foglioline di basilico, perplessa – quelle, sul gattò di patate non si erano viste mai! La macedonia di frutta era acidula, come prevedibile, ma l'ospite non sembrò scontenta e si servì di tutto ben due volte, con mio grande disagio.

8.

L'amore per le piante e gli animali che ci nutrono

Io sono partigiano delle cause seconde e credo fermamente che tutta la razza dei gallinacei sia stata creata unicamente per dotare le nostre dispense e arricchire i nostri pranzi [...].
Non ci sono bastate le doti che la natura aveva conferito ai gallinacei; l'arte, sotto il pretesto di migliorarli, li ha presi e ne ha fatto dei martiri. Non soltanto essi sono privati degli organi della riproduzione, ma li si condanna alla solitudine e all'oscurità, li si costringe a mangiare più del necessario, procurando loro una grassezza cui non erano destinati naturalmente.

JEAN-ANTHELME BRILLAT-SAVARIN, *Fisiologia del gusto o Meditazioni di gastronomia trascendente*, Meditazione VI, p. 77.

Cucinare è un atto d'amore: per noi, perché mangiando sopravviviamo; per gli altri, che gustano quanto cucinato per loro; e verso la natura stessa, che ci nutre in cambio dell'accudimento. Noi cittadini, che compriamo dagli scaffali del supermercato, spesso dimentichiamo come nascono i prodotti belli impacchettati pronti da usare. La pianta ha bisogno che qualcuno raccolga le zucchine che generosamente produce in abbondanza, altrimenti peseranno sul fusto e le sue energie saranno concentrate su quelle e non sui nuovi getti. Il fico a cui si tolgono i primi frutti ne produrrà ancora in autunno, la lattuga ben diserbata diventerà folta e rotonda, mentre l'olivastro non innestato non darà olive; gli alberi non potati vivono male, e a volte i rami si spezzano. Dipendiamo tutti dagli altri; uccelli e insetti – le api in particolare – sono fondamentali per l'impollinazione. Essere carnivori è anche, paradossalmente, un atto d'amore verso gli animali domestici che alleviamo. Noi che mangiamo la carne bovina diamo alle nostre vacche una buona qualità di vita. In India le vedo vagare nelle città, emaciate e tubercolotiche, e soffrire moribonde ai bordi delle strade e nei campi. Il contadino ama gli animali del cortile. Oggi tutto è asettico: i macellai vendono carne tagliata, lavata e pulita. Non sappiamo scuoiare un coniglio o spennare una gallina, e vederlo fare a qualcun altro ci metterebbe i brividi. Viviamo in un mondo che ci allontana dalla realtà.

A Mosè, Rosalia, moglie del campiere e dunque autorità massima tra le contadine, donna saggia, di forza morale ed equilibrio rari, ci regalava ogni tanto una gallina vecchia, per fare il brodo. La portava viva, tenendola per le zampe, a testa in giù. Ce la descriveva con orgoglio e affetto: "L'ho imboccata di granoturco per l'ultimo mese, ora le sue carni saranno duci duci," diceva, e mentre la sollevava per farcela ammirare, la gallina la guardava fiduciosa. Sarebbe andata nella gabbia del balcone della cucina, pronta per farsi tirare il collo. Ma il ricordo più commovente che ho di Rosalia è l'affetto sconfinato per il maialino che allevavamo ogni anno; si scannava a dicembre, metà per la sua famiglia e metà per noi. Passavamo almeno due giorni a tagliarlo e congelarlo in porzioni. Papà sorvegliava il lavoro; ogni tanto Rosalia veniva a chiacchierare, controllava e, se necessario, ci aiutava. "Mi mangiai una costoletta dell'armaluzzu, bravo era, e buonissima era la sua carne!" diceva. "Mi manca, l'armaluzzu, era sempre contento! Ogni mattina, appena mi vedeva con il cato del mangime, correva verso di me. Se avevo quello dei tacchini, si girava dall'altro lato! 'Sperto era!"

I miei amici vegetariani, anche quelli che usano scarpe e borsoni di cuoio, non amano sentire questi racconti e mi esortano a diventare vegetariana. Ma non posso: ammazzo mosche e zanzare con vero piacere e tolgo le meduse dal mare per mia comodità, senza alcun senso di colpa. E mi piace tanto la carne di maiale!

Cucinare, dunque, è anche un atto d'amore verso le piante e gli animali che recidiamo e uccidiamo, perché godono di una buona qualità di vita che altrimenti non avrebbero e la loro raccolta e morte non servono soltanto alla sopravvivenza della nostra specie ma anche per dare loro vita e ordine. Gli alberi potati, gli orti ben coltivati, i pollai e le stalle ampi e ben areati offrono agli animali una buona vita, al contrario di certi sistemi di allevamento crudele e malsano. C'è anche un ecosistema da mantenere: le lumache, per esempio, in Sicilia sono un piatto prelibato e raccogliendole si evita che le lattughe e le altre verdure siano distrutte.

9.

La cucina che unisce e separa

"Ma," domanderà forse l'impaziente lettore, "come dev'esser fatto, nell'anno di grazia 1825, un pranzo per riunire tutte le condizioni che procurano al massimo grado il piacere della tavola?"

Rispondo a questa domanda. Raccoglietevi, lettori, e state attenti: mi inspira Gastarea, la più graziosa di tutte le Muse; sarò più chiaro di un oracolo e i miei precetti attraverseranno i secoli.

Il numero dei commensali non sia superiore a dodici, perché la conversazione possa mantenersi generale;

Essi siano scelti in modo che le loro professioni siano diverse, i gusti analoghi e tanto conosciuti gli uni con gli altri da non essere costretti alle seccantissime presentazioni;

La sala da pranzo sia illuminata sfarzosamente, la tavola pulitissima e la temperatura da tredici a sedici gradi Réaumur;

Gli uomini siano spiritosi senza ostentazione e le donne amabili senza troppa civetteria;

I cibi siano scelti ottimamente, ma in numero limitato, e i vini di prima qualità, ciascuno nel suo tipo;

La progressione dei cibi sia dai più sostanziosi ai più leggeri; vini dai più chiari ai più profumati;

Lo svolgimento del pasto sia pacato, essendo l'ultima faccenda della giornata, e i commensali stiano fra loro come viaggiatori che debbono arrivare insieme alla stessa meta;

Il caffè sia bollente e i liquori scelti accuratamente dal padrone di casa. La sala che deve accogliere i commensali sia abbastanza spaziosa da mettervi su una partita di gioco per quelli che non possono farne a meno e da lasciare ancora abbastanza posto per le chiacchierate pomeridiane;

I commensali siano trattenuti dalla piacevolezza della compagnia e ravvivati dalla speranza che la serata avrà ancora qualche lieta sorpresa;

Il tè non sia troppo carico, gli arrosti siano unti a puntino e il punch fatto con cura;

Nessuno debba andar via prima delle undici, ma a mezzanotte siano tutti a letto.

JEAN-ANTHELME BRILLAT-SAVARIN, *Fisiologia del gusto o Meditazioni di gastronomia trascendente*, Meditazione XIV, pp. 157-158.

L'intolleranza al formaggio di nonno Cocò

Il mio nonno paterno non mangiava formaggio, il che in Sicilia è un problema: il cacio è previsto in tantissime ricette. La nonna si prendeva cura del marito, che chiamava proprio così, "marì", e quando venivano a pranzo da noi ricordava sempre a mamma di cucinare a parte per lui. Mamma era una padrona di casa attenta e voleva molto bene al nonno; andava in cucina lei stessa, proprio prima di sedersi a tavola, ad accertarsi che le persone di servizio mettessero gli stecchini sulle fette di carne alla palermitana, sulle cotolette alla milanese, sulle polpette, sugli involtini e sugli spitini in cui normalmente si mette il formaggio e che invece erano preparati senza, apposta per nonno. Il piatto di portata arrivava trionfante con un bosco di stecchini, come se nonno avesse un appetito vorace. Nonna approvava in silenzio il rispetto della nuora nei riguardi del suocero. Io, che in quelle occasioni avevo il permesso di mangiare con i grandi, chiedevo sempre di assaggiare il mangiare del nonno. Lei mi rimproverava – "È migliore quello con il formaggio" –, ma mamma mi accontentava. Anni dopo appresi che una volta, da sposina, aveva dimenticato di preparare il cibo senza formaggio per nonno: nel panico, aveva messo degli stecchini su alcune polpette a caso e le aveva fatte portare in tavola. Nonno le aveva mangiate con gusto e non aveva sofferto di nessun disturbo. Da allora aveva smesso di far cucinare a parte per lui, ma la cuoca, che temeva di incorrere nelle ire di nonna, insisteva perché mamma e non lei, perpetrasse l'imbroglio: per questo mamma doveva andare in cucina a mettere personalmente gli stecchini sulla carne del nonno.

L'atteggiamento di certe persone con problemi di dieta – allergie, intolleranze o semplicemente rifiuto di un particolare ingrediente o piatto – mi disturba: ne parlano troppo, e mi sembra che vogliano attirare l'attenzione su di loro, con un pizzico di esibizionismo. Mamma è intollerante ai peperoni, ma oltre a noi di casa non lo sa nessuno. Se le capita di vederseli servire direttamente sul piatto, quando ha finito di mangiare il resto li sparpaglia perché la padrona di casa non pensi che non le sono piaciuti. Proprio per andare incontro con discrezione alle esigenze degli ospiti, in casa nostra da sempre si preparano per tutti almeno due portate – una vegetariana e una senza farinacei – che possano fare da contorno e da piatto principale, e si offre un plateau di frutta insieme al dessert. Al momento di andare a tavola, informiamo gli ospiti sulle vivande e lasciamo che ognuno si serva secondo le proprie necessità e preferenze.

Identità vere o ricostruite: l'agnello all'agrodolce che non *si cucinava in casa mia*

La lontananza fa strani scherzi, quando è accoppiata al desiderio. Prima di sposarmi e ritornare negli Stati Uniti avevo vissuto a Lawrence, nel Kansas, per un anno. Ero la sola italiana in tutta la Kansas University. Lontana da casa e dal mio fidanzato, soffrivo di cocente nostalgia. Ma non gastronomica. Si mangiava bene a Sellars Hall, dove vivevo con altre ottanta studentesse: ci occupavamo noi di tutto, dalla cucina alla pulizia. Dopo il matrimonio, nel gennaio del 1967, andammo ad abitare a Somerville (vicino a Cambridge, Massachusetts), in un appartamento con una grande cucina. Mi piaceva cucinare e mi misi all'opera, ma non riuscivo a ripetere i piatti di casa mia. Mi calò una enorme nostalgia del mangiare siciliano. Non trovavo nemmeno il prezzemolo con la foglia liscia, e quello in vendita, tutto riccio e dagli steli corti corti, sapeva di altro. L'olio d'oliva, peraltro carissimo, era cattivo a paragone di quello di Mosè e il parmigiano appena passabile. Andare al supermercato era una sofferenza; non distinguevo i tagli di carne e non trovavo quelli che desideravo, non riconoscevo il pesce – desquamato, sfilettato e impacchettato – e le offerte speciali mi confondevano. Ne ricordo una: quattro grossi pacchi di pane affettato al prezzo di due, che l'impiegata mi assicurò essere ottimo e a lunga conservazione – sarebbe durato un mese, se messo nel frigorifero, una bella differenza rispetto al pane di Palermo, che si compra due volte al giorno per mangiarlo sempre fresco! Quei pacchi muffirono tutti nella prima settimana – mi spezzò il cuore doverli gettare. E infatti fu mio marito a tirarli fuori dal frigorifero e a farli cadere a uno a uno nella pattumiera del condominio, mentre io pietivo "Lasciami almeno qualcuna delle fette rimaste bianche, le abbrustolisco nel forno per fare il pan grattato...".

A poco a poco scovai dei negozietti in cui si trovava olio buono e mi adeguai. Fu allora che mi venne una voglia disperata delle costolette di agnello all'agrodolce con la cipollata, quelle che si cucinavano in aprile, quando si macellavano gli agnelli nati nel tardo autunno. Erano gustosissime, le mie costolette di agnello; ogni volta che le mangiavo ripetevo con un sospiro a mio marito che avevano perfino lo stesso profumo di quelle siciliane. E così negli anni seguenti, appena avevo desiderio del cibo di casa, a Lusaka come a Oxford, ricorrevo alle costolette di agnello all'agrodolce. Fin quando non venne mia madre per aiutarmi a mettere su la casa di Londra. Avevamo gente a cena e preparai le costolette per gli ospiti.

"Che profumo invitante, cosa cucini?" chiese mamma entrando in cucina con Nicola neonato in braccio.

"Le costolette all'agrodolce, ricordi?"

No, non ricordava. Cucinate con il soffritto di cipolla, sì, ma all'agrodolce mai. Non le credetti. Chiamai zia Teresa, poi mia sorella Chiara. Nessuna delle due le aveva mai assaggiate, mi ero inventata di sana pianta un piatto tradizionale. Eppure mi bastava aggiungere lo zucchero alle costolette che sfrigolavano allegramente con le cipolle nella padella, e farlo caramellare, per ritrovarmi nella cucina di Palermo, per vedere Pina Parrucca, la fedele cameriera, con l'uniforme a quadretti azzurri e il grembiulone bianco, ferma davanti ai fornelli con la bottiglia di aceto pronta per smorzare la cottura del caramello. Sentivo gli aromi, il profumo di bruciato dello zucchero poi sovrastato da quello acido dell'aceto di vino, e infine fuso in un aroma ricco, denso, invitante. Tutto inventato. Ero mortificata.

Le tradizioni cambiano con il tempo o con un avvenimento improvviso: nel mio caso, il mio andare a Somerville. Il frutto della fatica e dell'inventiva di tante cuoche siciliane del passato mi aveva ispirata, all'estero, a creare un nuovo piatto. Ogni volta che cucino le costolette di agnello all'agrodolce penso a Pina Parrucca che nel mio immaginario le preparava, anche se so che in verità non le ha mai cucinate. Ma le costolette di agnello all'agrodolce non sono più un falso: ho insegnato a prepararle a tanti amici siciliani e continuo a cucinarle nella mia cucina, raccontando ogni volta l'origine del piatto – sono ormai diventate parte della nostra tradizione. Non mi sento in colpa perché ero, in realtà, una precorritrice: negli ultimi quarant'anni la gastronomia è stata scossa da un'ansia di rinnovamento globale, a cui la cucina siciliana non sfugge. Ho mangiato tanti piatti di cuochi innovatori a oltranza; in confronto, le mie costolette all'agrodolce sembrano un piatto antico. La tradizione non dev'essere immobilizzata ma tutelata e l'arte della cucina, come tutte le arti, deve evolversi in modo sano. Sarebbe bello se qualcuno includesse le mie costolette in un libro di ricette siciliane, perché la mia affannosa ricerca di un gusto stravolto nel ricordo non era altro che un esempio della rivoluzione della cucina isolana alla ricerca dei sapori attraverso l'immaginario della tradizione.

A Somerville, ogni settimana mio marito giocava a bridge con altri dottorandi, bravi ragazzi; preparavo una spaghettata e poi me ne stavo a leggere in cucina. Una sera, Martin venne a chiedermi un bicchiere di plastica. Non ce n'erano. La sera, mentre sparecchiavamo, mi chiese di comprarli. Odio la plastica a tavola. "Perché?" volli sapere. "Per il whisky. Lo voleva Abe, infatti non ha bevuto per niente e se n'è andato prima di tutti." Questo era il colmo, ero pronta alla lite. "Forse i miei bicchieri non sono abbastanza puliti per lui?" Martin aveva finito di piegare la tovaglia e già aveva il libro in mano. Alzò appena lo sguardo. "Ricordi il *Leviticus*?" E subito lo abbassò sulla pagina. "No, non ho che ricordare," risposi stizzita. Non conoscevo quel Leviticus, sicuramente era un antico romano che con i bicchieri di plastica non aveva nulla a che fare. Mi ritirai in camera. Poi mi informai e lessi la Bibbia. Comprai non soltanto i bicchieri ma un intero servizio di plastica.

La settimana seguente preparai la salsa di pomodoro in una pentola mai usata e misi a cuocere gli spaghetti nel pentolone della pasta. Lo dissi ad Abe, un ragazzo gioviale e barbuto. Lui volle sapere come avevo cucinato la salsa, bevve il whisky ma non volle l'acqua dalla caraffa e si rifiutò di mangiare, nonostante i piatti e la forchetta di plastica. Gli altri mangiavano allegri e affiatati. Il digiuno di Abe cominciò a perciarmi come una virrina che gira a poco a poco. Perché era venuto a casa mia? Per divertirsi, con altri, ebrei e no. Da pari. No. Non da pari. Lui era diverso, migliore. Non avrebbe mai sposato una non ebrea. Non voleva mangiare il mio cibo, né bere l'acqua della caraffa. Il whisky però sì che se lo prendeva, nel bicchiere di plastica. Come se i miei bicchieri da whisky fossero immondi. Sporchi. Quando se ne furono andati dissi a mio marito che la prossima volta sarei andata al cinema. Non volevo vedere Abe a casa mia.

Era il periodo a cavallo tra gli anni sessanta e settanta, quello della New Age, del delirio del permissivismo, dei tabù infranti. E della celebrazione della diversità. Nello Zambia conobbi gente di tanti paesi e tante religioni. Il razzismo – cioè la paura del diverso e la convinzione di essere superiori –, celato nel quotidiano, scoppiava quando si parlava di cucina, senza vergogna: "Sono incivili, credono che l'occhio di pecora sia prelibato", "Quelli sono come animali, scavano sotto le radici e mangiano i vermi", "Non conoscono il forno", "Mangiano con le mani dalla stessa ciotola", "Ci sputano dentro", "Friggono grilli e insetti". Conobbi tanta altra gente che considerava le diversità tra gli esseri umani e tra le loro cucine un modo per glorificare la propria cultura. Imparai a friggere le formiche volanti, ricche di proteine e ottime, e a cucinare kosher, jain, vegetariano e vegan per i miei ospiti: cercavo di arricchire la mia cucina, di essere una brava padrona di casa e di interpretare correttamente la fratellanza tra gli esseri umani, in cui credo profondamente.

Ma c'è un ma. Le norme dietetiche sono elemento di identità culturale e di scelta individuale; fanno parte della vita privata del cittadino – una libertà da proteggere, ma non da imporre. Innalzate a editto religioso, applicate con rigidità, assecondate da una società secolare e permissiva, nel migliore dei casi mantengono separati i credenti dal resto di un'umanità che considerano inferiore; nel peggiore, incitano a prevalere sugli altri. Chissà cosa ne avrebbe detto Brillat-Savarin.

Oltre alle diete, alle restrizioni, alle allergie e alle intolleranze alimentari, una brava padrona di casa deve pensare anche alla sensibilità di chi, pur essendo carnivoro, non ha mai visto in tavola un piatto di ali, colli e zampe di pollo, o di trippa, o di cervello, o di rognoni, o uno zampone di maiale, una coda di bue, una lingua intera (al giorno d'oggi è piuttosto frequente); per non parlare della sensibilità culinaria degli stranieri, di cui sappiamo poco e niente. E io in questo ero proprio un disastro: cucinavo di fretta e senza pensarci tanto e preparavo quello che piaceva a me e alla mia famiglia.

La cucina di casa Agnello non era mai al suo meglio quando ospitavamo gente "di fuori", espressione che accomunava i connazionali di terraferma e gli stranieri. Mamma, cautamente, escludeva l'aglio e diminuiva la cipolla, soffriggeva poco, aggiungeva gocce e non cucchiaiate di marsala alle scaloppine, spargeva poche erbe sul piatto di portata e mai noce moscata, origano e peperoncino, negava il rum alla torta di noci e toglieva il maraschino alla macedonia di frutta. Si mangiava sempre bene in casa nostra, ma quei pasti poco speziati e privi di effetto scenico preparati secondo la regola di mia madre – "meglio togliere o non aggiungere, 'nsammai non piace o disturba l'ospite" – erano tra i meno gustosi. Talvolta, perfino insipidi. Condivido la regola di mamma ma faccio fatica a ricordarla al momento giusto, e per questo mi è capitato di fare pasticci.

Masafuki Kai era un pianista giapponese a cui affittavamo la mansarda della nostra casa di Dulwich. Visse con noi due anni, due anni soddisfacenti per lui come per noi: faceva i suoi esercizi di giorno, quando la casa era vuota, e la sera ci deliziava con le sonate, di cui anticipava il nome del compositore. Spesso mangiavamo insieme e talvolta cucinava lui stesso piatti giapponesi con ingredienti portati dal Giappone: erano molto salati e non ci piacevano, ma lui non lo seppe mai. Anni dopo ci scrisse: aveva preso moglie e sarebbero venuti a Londra in viaggio di nozze. "Facciamogli un buon pollo arrosto," suggerì mio marito, a Masafuki piacevano i suoi Sunday lunch. Gli sposini vennero a cena, non a pranzo, e dunque il compito di cucinare era mio. Preparai un pollo arrosto magnifico, lardellato, coperto di fette di bacon e con un ripieno di noci e fegatini preso dal ricettario di Mrs Beeton, la famosa cuoca dell'Ottocento che ha scritto *il* trattato di cucina britannica. La sposina, timidissima, non parlava inglese; ci si capiva a sorrisetti. Mio marito fece gli onori di casa e sfoderò la sua abilità nel tagliare fettine di petto di pollo succulento, piano piano, facendo sfoggio della sua consumata maestria; poi le poggiava accanto alle cosce, già sui piatti degli ospiti. La sposina seguiva i suoi movimenti, mentre Masafuki le spiegava chissà cosa, fiero e protettivo. Poi mio marito prese il cucchiaio con il manico lungo – una peculiarità inglese inventata apposta per prendere il ripieno della cacciagione – e lo infilò deciso nella parte posteriore del volatile tirandone fuori una bella cucchiaiata. Stava appoggiando delicatamente il ripieno accanto alle fettine di carne bianca quando sentimmo un tonfo: alla vista del cucchiaione che penetrava nelle viscere del pollo la sposina era caduta all'indietro, svenuta, trascinandosi la sedia.

Masafuki ci spiegò che in Giappone la carne e il pesce si vendono già tagliati e che la sola vista di un pollo arrosto può portare la gente al vomito. Da allora ho cambiato il mio modo di servire carni e pesci: tutti i pesci in casa Hornby sono decollati, le costolette di agnello le presento dolcemente sdraiate, i volatili arrivano a tavola in porzioni; e mai, *mai*, servo lumache. Ma non è bastato.

Anni dopo ospitammo a Mosè una mia amica indiana e la sua famiglia, inclusi i genitori: colti e raffinati, i Bhogilal si spostano con regolarità tra Londra, Ginevra, New York e Mumbai. Avevo scritto dei promemoria sui post-it e li avevo attaccati in cucina: niente parmigiano sulla pasta, niente uova nelle polpette di melanzane, niente burro nelle scaloppine al limone, niente marsala nella panna montata, niente strutto nella pasta frolla... insomma, tutto era vegetariano e jain.

Il pranzo andava bene e chiacchieravamo contenti. Alla fine mi alzai e presi dalla cristalliera la pecora di pasta reale, una specialità siciliana di cui siamo molto fieri. Mamma mi guardò perplessa; pensai che, golosa com'era, avrebbe preferito non offrirla a quella grande tavolata, ma non le feci caso. "È un dolce pasquale, preparato dalle monache di Favara, il paese d'origine di mia madre," dissi, e lo misi al centro della tavola. La pecora pesava circa tre chili, ed era stata modellata a mano libera, con la pasta reale; nel ventre c'era un delizioso ripieno di pistacchio e cileppo. Le pecore del convento di Favara erano considerate una squisitezza e un oggetto d'arte, perché ognuna era diversa dall'altra: erano sempre sdraiate, ma la testa poteva essere dritta, o girata e languidamente reclinata sul dorso; le zampe e la coda erano posizionate in maniera variabile e ciascuna aveva una propria fisionomia. La nostra aveva la testa dritta. Sul vello lucido di velata bianca, lavorata in modo da ricordare i riccioli di lana, cuoricini, fiori e stelline di pasta reale dai colori tenui, gocce di zucchero dorate e argentate: un autentico capolavoro di arte povera. Spiegai che il convento era stato fondato da una prozia di mamma e i Bhogilal ascoltavano attenti. Iniziai ad affettare la pecora, cominciando dalla coda, mentre loro seguivano i movimenti del coltello. Quando arrivai al ventre la prima fetta liberò l'aroma di pistacchio e cannella del ripieno, che apparve in tutta la sua verde bellezza, circondato dalla pasta di mandorle bianca. Mi passai la lingua sulle labbra, e mi rivolsi alla signora Bhogilal, golosa di dolci. Sedeva immobile, il viso contorto. Incrociai lo sguardo della mia amica e mi affrettai a far sparire la pecora. Offrimmo invece le cucchitelle, paste rotonde e ricoperte di velata e fiorellini, fatte con lo stesso ripieno. Gli ospiti le assaggiarono ma non le gustarono, quel giorno: erano ancora sotto choc.

Dopo pranzo, mamma mi si avvicinò: "Ero incerta se offrire la pecora, avrei voluto fermarti... ma poi ho pensato che è così buona!". E aggiunse, con un battito di ciglia: "Un peccato di gola...".

La festa di compleanno di Denise

Lavorare insieme aggiusta i rapporti o permette che affetti antichi, soffocati da rancori e insofferenze, riemergano e si nutrano nella silenziosa operosità del cucinare. Me lo ha insegnato Denise, una mia clientina di otto anni, maltrattata e non amata da una madre che lei invece amava immensamente. L'avevo conosciuta in una casa-famiglia di prima accoglienza, dove era stata alloggiata dopo che il medico le aveva riscontrato delle ferite da maltrattamenti. La madre, arrabbiata, accusava Denise di aver mentito e si rifiutava di vederla. Da quel momento la bambina smise di mangiare: voleva tornare in famiglia, sostenendo che quando la mamma si arrabbiava diceva cose di cui poi si pentiva. "Mia madre vuole che torni a casa," dichiarò un giorno Denise, spavalda. E così avvenne, grazie alle trattative con i servizi sociali e alle promesse della madre. Mesi dopo, arrivò in ufficio un cartoncino di invito: c'era incollato un cuore rosso, con su scritto a pennarello: *Mrs Hornby, vuole venire alla mia festa di compleanno?*

Mi avvicinavo contenta alla casa di Denise. Non la vedevo da circa sei mesi e mi ero affezionata a quella bimba intensa e determinata. Il cul-de-sac del complesso di casette unifamiliari era esclusivamente pedonale e costeggiato da ciliegi rigogliosi; molti bambini vi scorrazzavano liberamente. La porta di casa era socchiusa. Suonai il campanello e aspettai. Un bambino di circa quattro anni aprì all'improvviso e sgusciò fuori seguito da una bimba, che mi guardò perplessa. Fece dietrofront e rientrò in casa strillando: "Visite! Assistenti sociali!".

La madre di Denise spuntò da una porta laterale; senza nemmeno una parola di saluto mi fece cenno di entrare. Altri tre o quattro bambini neri, più o meno della stessa età degli altri, correvano fuori senza far caso a noi. Vidi in lonta-

105

nanza, nel giardinetto sul retro, una folla di altri bambini – la festa per il compleanno era al culmine. La madre di Denise mi fece entrare in cucina, la prima stanza a destra. "Aspetti qui. Vado a chiamarla", e richiuse la porta dietro di sé. Dal corridoio venivano voci e pianti: una lite. Mi guardai intorno. Tutto era pulitissimo e in ordine: le tende di pizzo alla finestra, candide; i fornelli, luccicanti; il lavello di acciaio inossidabile, immacolato; il pavimento di linoleum, ben cerato. Non un granello di polvere, un pezzo di pane in giro, una posata o un bicchiere fuori posto. Si sarebbe detto che in quella cucina non si cucinava, se non fosse stato per il piatto di plastica marrone in mezzo al tavolo: c'era sopra una torta minuscola, coperta di marzapane e glassa bianca e rosa, con un numero otto disegnato in glassa rossa.

La porta si aprì all'improvviso e apparve Denise; subito la porta fu richiusa sbattendo. Ci guardammo. Le diedi un buono per un libro e un bigliettino di auguri. Denise aveva i capelli in disordine e la pelle opaca. Era triste. Fece gli onori di casa impeccabilmente, mi invitò a sedere e mi porse un bicchiere di aranciata. Poi si scusò per la confusione e mi offrì una fetta di torta. Maledissi di aver accettato l'invito.

"Mi dispiace mangiare la torta noi due sole, sarebbe stato più giusto se l'avessi mangiata con gli altri bambini... sono qui per festeggiarti, vero?"

"Questi bambini sono qui a pagamento, mia madre bada a loro durante le vacanze." E Denise spinse la torta verso di me, porgendomi il coltello. "Vuole tagliarla lei? L'ho fatta io con la mia mamma."

"Mi dispiace," ripetei.

Denise mi guardò dritta negli occhi. "Taglio io, allora." E aggiunse, con il suo sorrisetto storto: "Sono contenta che sia venuta, altrimenti mia madre non avrebbe fatto la torta. Mi ha chiesto di aiutarla, l'abbiamo preparata insieme. Noi due sole. Guardi, l'ho disegnato io l'otto, è come quello del suo biglietto d'invito!".

Mangiammo senza parlare; la baraonda dentro e fuori casa era tremenda. Denise raccolse con le lunghe dita una briciola caduta sulla cerata accanto al suo piatto: "La tiene bene questa cucina, la mamma, ogni cosa al suo posto. Come una vera cuoca". E poi mormorò: "A me basta starle vicino in cucina, per essere contenta".

Cucinare per sentirsi apprezzati e apprezzarsi a vicenda

Ho letto testi in cui il mangiare è equiparato o abbinato all'erotismo e alla pornografia. Alcuni, come il *Satyricon*, sono dei classici. Altri, moderni, non sono erotici né, tantomeno, pornografici – semplicemente, di cattivo gusto. Scioccano, e dunque hanno una certa notorietà. Come che sia, preparare insieme un pasto può essere molto più sensuale, erotico ed eccitante del consumarlo. La cucina è luogo di profumi e di calore. Ci si affanna, si suda. Si compiono movimenti ritmici, suggestivi di atti sessuali, dalla manipolazione della pasta frolla alla preparazione degli involtini di melanzane, al lavare posate, bicchieri, piatti. Si assaggiano ingredienti, si prova la cottura o la sapidità di quello che si cucina. Udito, olfatto, vista, tatto e gusto sono continuamente sollecitati, e il sesto senso, il *génésique*, la *sensualità* di cui è padre Brillat-Savarin, circola dall'uno all'altro unificandoli, come una girandola.

Il cuoco abile e fantasioso usa il gioco dei sensi come preludio della conquista, in un rito da lui orchestrato e scandito dai tempi della cottura. La donna non è altrettanto abile – nel suo genoma di femmina cucinare è un lavoro e lo rimane durante la preparazione del pasto; diventa seduzione semmai dopo, a tavola. La *sensualità* scaturisce anche dalla sorpresa, e questa è ben pianificata dal cacciatore, che si guarda bene dallo spiegare dettagli o tempi di quello che sta preparando, anzi, mantiene il mistero. Rifiuta, "per il momento", l'offerta di aiuto; è lui a porgere un bicchiere di vino; ne versa uno anche per sé e lo sorseggia, mentre è assiduo nel riempire quello della sua ospite. Soffrigge la carne e poi vi aggiunge dell'acqua: può prendersi una pausa. Tira fuori dal frigorifero un piatto già pronto, "un assaggino" – olive, salame, formaggio, annaffiati dal vino –, e si accosta alla preda. I preamboli sono veloci, leggeri, tentatori. Poi lascia la donna palpitante e riprende la cucinata con vigore. Pulisce e seziona verdure e tuberi esibendosi con il coltello a lama larga sull'apposito tagliere, quindi li getta con raffinata noncuranza nella casseruola; strappa con le mani le foglie del mazzo delle erbe e ve le aggiunge. Tutto a un tratto torna a esser tenero: con le dita odorose di timo e rosmarino carezza mento e labbra della donna, poi torna ai fornelli, aggiunge brodo e altri aromi alla casseruola e la infila nel forno caldo. Altro vino, maniate mirate. Profonde. Lui apre il forno per un controllo e rimane piegato davanti allo sportello aperto. Sbircia, non visto, la donna che freme, mentre l'aroma invade cucina e appartamento. Il sesto senso, *le génésique*, è bello presente, e a quel punto lui si alza, richiude lo sportello del forno e prende il vassoio su cui aveva già piazzato una bottiglia di vino e due bicchieri. Con l'altra mano prende la donna per il polso e la trascina fuori dalla cucina.

Cucinare insieme richiede familiarità e sintonia. Mentre si lavora ci si incrocia, anche se ciascuno ha i propri compiti ben definiti. Uno sminuzza le foglie di basilico che l'altra poi spargerà sulla teglia di melanzane alla parmigiana appena tirata fuori dal forno; uno trita la cipolla con la mezzaluna e poi l'aggiunge nella ciotola in cui l'altra impasta le polpette di maiale; una grattugia la noce moscata direttamente sul paiolo in cui l'altro rimescola la béchamel; una batte nella zuppiera, con la frusta, le uova gialle e schiumose per la carbonara, proprio mentre l'altro scola la pasta al dente e la versa sul battuto – compiti che, pur richiedendo attenzione e tempismo, concedono fugaci momenti di intimità e intensa carica erotica: un lieve bacio sul collo, passare il dito sulle labbra dell'altro, una rapida carezza sull'interno del braccio, una strusciata di schiena, il solletico sotto il mento, una leccata sul lobo, perfino un soffio sulla nuca. Magari una bella pacca sul sedere.

Ci si coccola, durante le brevi pause dal lavoro, con un assaggio delle scaglie di cioccolato messe da parte per "un contentino", ci si imbocca l'un l'altra con frammenti della meringa bruciacchiata, si prende un lungo sorso di vino rosso direttamente dalla bottiglia con cui si è annaffiata la padella del cavolfiore assassunato e poi la si passa, veloce, perché lui possa sentirvi sopra il tuo sapore: mentre l'altro è impegnato con ambo le mani sui fornelli, gli si spinge nella bocca con l'indice una grossa oliva verde, conzata con aglio, sedano e olio, entrando nella cavità e lasciando il dito quanto basta perché lui lo succhi e poi lo rimandi fuori con un accenno di bacio. Dopo l'interludio *génésique*, si ritorna assorti ai propri compiti: scolare la pasta, immergere le arancine nell'olio della frittura, girare il pollo arrotolato nel tegame senza rompere la pelle, eccitati dal non sapere quando ci sarà l'opportunità di un bis.

Il punto fondamentale, quali che siano le piccole o grandi rivalse all'interno di una coppia, è che cucinare unisce e predispone all'amore e non c'è dubbio che dopo un buon pranzo siamo tutti più propensi a cercare l'altro e a offrirci per dare felicità. E questo è un grandissimo merito della cucina, forse il più grande.

Brillat-Savarin, sempre cauto, fa riferimento al romanzo di Fielding, *Pamela*, per dare un esempio della connessione diretta tra un pasto preparato con amore e l'affetto che unisce la coppia, nell'intimità postprandiale, ma non manca di porgere al lettore il caveat che "se il buon gusto diventa crapula perde nome e meriti".

La parola a Rosario

Nuove tendenze alimentari: il rapporto dei satolli con il cibo

Nei paesi ricchi la fame è stata sconfitta, ma è sempre più difficile mangiare insieme. Idiosincrasie alimentari di ogni genere minacciano il piacere della tavola e separano i commensali.

La varietà del gusto si nota fin dal mattino nei bar, quando clienti frettolosi chiedono infinite varianti del semplice caffè macchiato: lungo, doppio, corto, ristretto, decaffeinato, con latte freddo, caldo, tiepido, schiumato. Con infinite raccomandazioni: che il latte sia freddo ma a temperatura ambiente, quello del frigorifero raffredda troppo; caldo ma non caldissimo, altrimenti ci si ustiona la lingua e si perde il gusto, oltre al tempo dell'attesa; con un po' di schiuma ma non troppa, giusto per avere quella leggera sensazione di soffice sulle labbra.

Il mestiere del barista diventa impegnativo, e ancor più difficile quello del ristoratore, alle prese con piatti più complessi e clienti sempre più esigenti. Le ordinazioni al ristorante possono stravolgere i canoni della cucina tradizionale e del gusto: ciascuno vuole adattare le pietanze alle proprie necessità o ai propri desideri e il cuoco deve ingegnarsi per servire le trofie con un pesto senza aglio né formaggio, perché un commensale non sopporta l'aglio ed è allergico ai latticini. È complicato compiacere il singolo cliente, ma è altrettanto difficile preparare una cena informale a casa con amici. Ci vogliono fantasia e flessibilità per accogliere le restrizioni alimentari di tutti, dettate da ragioni e bisogni differenti.

Rinunce, diete, allergie e intolleranze

Le diete sono un campo minato per l'anfitrione; prevedono esclusioni tassative, non negoziabili. Ce ne sono tante (per dimagrire, per tenersi in forma; oppure per un'allergia o un'intolleranza, o una malattia), e spesso sono in contraddizione tra loro: c'è quella dissociata, quella di sole proteine, di sole verdure o di sola frutta, niente carboidrati, niente dolci, niente lieviti, niente glutine e così via. Le diete per dimagrire o tenersi in forma hanno in comune una caratteristica: cominciano all'improvviso e sono rispettate religiosamente soprattutto all'inizio. Quelle dovute a un'allergia spesso durano nel tempo, mentre quelle legate alle intolleranze a volte vengono interrotte con la stessa repentina imprevedibilità con cui erano state iniziate. Le diete imposte da una malattia, invece, durano tutta la vita.

Come conciliare le tante esigenze con la bellezza conviviale? Si può. Prima di tutto, rinunciandovi. Un ospite a dieta strettissima è un esiliato davanti a una tavola ricca. Oppure si può partecipare in forma ridotta – lo fanno i celiaci e i diabetici, regolarmente. E così pure gli affetti da allergie e intolleranze. Io stessa, che soffro di asma legata all'assunzione di alcuni alimenti, con il tempo sono stata costretta a scegliere di preparare pranzi e cene prevalentemente a casa mia, dove potevo cucinare quello che volevo e mangiare senza ansia. È stato l'inizio di una nuova avventura culinaria, che in più si è presto trasformata in professione.

Invitare amici a cena è un lavoro di ricerca e programmazione: mi informo sulle restrizioni alimentari, di tutti e in particolare dei vegetariani. Di vegetariani, infatti, ce ne sono diverse specie: chi esclude solo i mammiferi, chi tutta la carne, chi soltanto un particolare animale (il maiale, il pollo, gli uccelli), chi anche il pesce e chi, come i vegan, tutti i prodotti animali. Il più difficile tra i commensali è chi soffre di ortoressia – l'ossessione del cibo sano –, una nevrosi di recente scoperta che porta a escludere un numero sempre maggiore di ingredienti secondo percorsi imperscrutabilmente individuali. (L'ortoressico deve conoscere e approvare l'origine biologica di quello che mangia, prima di portarlo alla bocca.)

Raccolte le informazioni, scelgo un menu vario che accontenti tutti i commensali, unendoli nella condivisione di alcune pietanze.

Una sera, ho cucinato per venti amici londinesi dagli orientamenti alimentari più disparati: onnivori, vegetariani, intolleranti al glutine, in dieta dissociata, e quelli che escludevano certe carni per motivi religiosi. Mi sono divertita a preparare piatti e abbinamenti alla conquista della convivialità. Per compiacere la varietà dei gusti, la cena comprendeva zuppa di ceci e castagne, insalata rossa, orecchiette al pesto aromatico, purè di piselli e finocchi al cumino e pomodoro, due tipi di polpette – pesce e carne bovina – con salsa rossa piccante servita a parte, e infine una torta di cioccolato senza farina. Zuppa, insalata e torta erano per tutti, gli altri piatti no. Nella varietà, ciascuno mangiava quello che voleva, senza perdere il piacere del convivio. Niente di quello che avevo preparato necessitava di coltello: ai buffet gli invitati all'inizio stanno in piedi; poi trovano modo di sedersi intorno al tavolo o su divani e poltrone con il piatto sulle ginocchia, creando una convivialità sparpagliata ma vivace.

Uscita dal guscio italico, agli inizi degli anni novanta vedevo Londra come un nuovo mondo gastronomico da scoprire. Dalle amiche inglesi ho imparato a cucinare svariati tipi di patate, le carni arrosto della domenica, i dolci della quotidianità e della festa: i miei preferiti sono quelli alla frutta – la varietà di mele, pere e frutti di bosco dell'Inghilterra è fonte inesauribile di ispirazione. Ma le cucine esotiche mi hanno portata lontano. Quella thailandese, per esempio, ha un curry verde, fatto con un basilico dallo stelo lungo lungo, con foglie fitte e piccole, dal profumo più pacato del nostro ma dal sapore pungente, simile al limone, squisito con il pesce. Replicare i piatti thailandesi è difficile, anche perché il latte di cocco – di cui si fa uso abbondante per smorzare il piccante e che è prelibato nelle zuppe di pesce – mal si adatta alla nostra cucina. Ma prendere spunto da qualche ingrediente o aggiungere un nuovo dettaglio a quello che conosciamo arricchisce il gusto: il pesce al forno con aglio, prezzemolo e basilico thailandese è molto buono, un piatto leggermente diverso dal solito ma non troppo "straniero". Una punta di *lemon grass* unita al purè di patate crea un gusto nuovo senza cancellare la pastosa dolcezza del nostro tubero. Lo stesso vale per altri sapori esotici: lo zenzero aggiunto al risotto insieme al succo e alla buccia di limone crea un gusto diverso in un piatto domestico, come il cumino e il limone stemperati in una tradizionale minestra di lenticchie.

Il coriandolo, invece, è difficile da introdurre nel nostro gusto, anche solo come comparsa, e benché fosse uno degli ingredienti più usati nella cucina dell'antica Roma. Ha un sapore forte, aspro, che stride – soprattutto da crudo – con i nostri piatti, snaturandoli: in casa nostra non lo amiamo, non lo digeriamo, non lo consideriamo. A conferma che anche il gusto ha una storia e dei confini.

La diversità ha rafforzato la mia identità culinaria – il mio biglietto da visita. Essere apprezzata e accolta in un mondo nuovo mi gratificava. Recuperavo le ricette di famiglia con lunghe e frequenti telefonate ai parenti: la carbonara si fa con la pancetta croccante o morbida con aggiunta di vino bianco? Con panna o senza? Come si prepara, quanto tempo ci vuole per cuocere lo stinco di vitello, quello squisito che mangiavamo la domenica dalla nonna Tina, la nonna di mio marito? Genitori, fratelli, zie e cugini, tutti si prodigavano a darmi informazioni dettagliate, a suggerirmi varianti, a indugiare su particolari anche irrilevanti che ci facevano però sentire più vicini. Annotavo tutto su un quaderno e sperimentavo, in famiglia e con gli amici. Avevo imparato fin da piccola l'arte del convivio, la nostra è sempre stata una casa aperta dove c'era posto anche per l'ospite dell'ultimo momento, qualunque fosse la sua dieta. E con la cucina ho creato, e continuo a creare, nuove, forti amicizie.

10.

La gente si svela mangiando

II. Gli animali si pascono, l'uomo mangia, solo l'uomo di spirito sa mangiare.
IV. Dimmi quello che mangi e ti dirò chi sei.

JEAN-ANTHELME BRILLAT-SAVARIN, *Fisiologia del gusto o Meditazioni di gastronomia trascendente*, p. 23.

Secondo me, di aforismi ce ne vorrebbe un altro: "Dimmi *come* mangi e ti dirò chi sei".

Da piccola mi piaceva moltissimo raggiungere i miei genitori quando mangiavano, soli o con ospiti. Allora stavo in piedi accanto a mamma o papà, tutta occhi e orecchie. Sapevo di non doverli disturbare, dunque limitavo le domande all'essenziale – per esempio, chiedere un assaggio dei dolci – e intervenivo nella conversazione solo se interpellata. Capivo poco di quanto dicevano, ma mi piaceva cercare di interpretare il comportamento dei grandi, soprattutto degli ospiti, che allora dividevo in due categorie: gli smorfiosi e gli ingordi – i primi parlavano assai e stupidamente, gli altri pochissimo, intenti com'erano a ingozzarsi. Anni dopo, in Inghilterra, quando ancora non parlavo bene la lingua, a tavola con gli inglesi ritornai bambina: osservavo e analizzavo i loro modi di fare e poi confrontavo le mie osservazioni con gli amici. Negli ultimi anni ho pranzato con tante persone di cui non sapevo nulla quando ci siamo seduti a tavola e che mi erano molto meno sconosciute alla fine del pasto. Per dirla con Brillat-Savarin, "mi sono guardata intorno, ho preso degli appunti, e spesso, in mezzo ai più sontuosi banchetti, il piacere di osservare mi ha salvato dalle noie del convito".

A una cena dopo la presentazione del romanzo di un amico eravamo una decina, in una trattoria che ci aveva riservato un tavolo d'angolo, lontano dagli altri. Il proprietario, non più ragazzo, con i capelli scuri che gli sfioravano le spalle, mi aveva spiegato di aver lasciato gli studi di giurisprudenza per mettere su quell'attività con l'eredità del padre; aveva offerto i vini e, in piedi accanto al capotavola, parlava a ruota libera facendo da padrone di casa e usurpando il ruolo del presidente della Pro Loco, seduto alla mia sinistra. Tra i due si instaurò un duello. Il locandiere esaltava le qualità della mozzarella, del pecorino, degli affumicati e degli antipasti che incalzavano uno dopo l'altro e venivano lasciati sul tavolo perché ci servissimo da noi. A me, invece, porgeva cucchiaiate di olive, di fritti e di verdure, passando il braccio davanti ai commensali intenti a mangiare e alzando la voce per farmi arrivare le sue raccomandazioni: "Il cacio si mangia con la mostarda di cotogne, fatta apposta da mia cognata!", "Ne prenda ancora!". Gli altri sopportavano, fin quando non disse, sollevando un'acciuga fritta per farmela ammirare: "Stamattina erano vive vive, ancora guizzanti!". A quel punto la poetessa che aveva presentato il romanzo insieme a me, e che mi aveva confidato di aver cambiato vita da quando era diventata vegetariana, sembrò svenire. Intervenne il presidente: "Lasciamo i pesci al mare e sentiamo cosa ha da dirci la signora Agnello Hornby sul suo prossimo romanzo!". E fece un ampio cenno verso di me. Quasi mi affogai, avevo la bocca piena dell'acciuga fritta decantata dal locandiere. Il moderatore, che dopo aver sciorinato la propria cultura sul palco non aveva fatto che rimpinzarsi, dissentì con vigore. Un altro duello. Pulendosi la bocca col tovagliolo dopo una bella forchettata di peperonata, sentenziò: "Cibo e letteratura sono un binomio perfetto, dai tempi dell'Archestrato, il famoso cuoco conterraneo della qui presente autrice...", fece uno svolazzo con la forchetta vuota, poi aggiunse, come per caso, "del II secolo della nostra era," e cercò lo sguardo della poetessa, che non lo degnò – si era ripresa ed era tutta occhi per il presidente. Questi, imbarazzato, le porse un piatto di ceci e cipolline irrorati di olio e limone e sussurrò: "Tieni, ti piacciono...".

Una coppia, marito e moglie, mi incuriosiva. Lei di tanto in tanto ridacchiava con la vicina, una professoressa, ma non perdeva d'occhio il marito, un belloccio dal cranio rasato, all'altro capotavola, che quasi non aveva aperto bocca; divenne loquace solo quando arrivarono i liquori. Senza dubbio abituati uno a esser servito e l'altra a prevenire i desideri del marito, tenevano fede ai propri ruoli con l'ausilio della gestualità. I capotavola sono svantaggiati nel servirsi, perché le pietanze stazionano al centro, e così fu anche quella sera. Il Belloccio, lento ma instancabile masticatore, fece onore a tutto ciò che era stato imbandito. Mangiava quello che si era messo nel piatto, e con sguardo predatore spaziava sui piatti di portata e su quelli degli altri commensali, per vedere cosa avevano scelto e quanto ne era rimasto. Mi accorsi che fissava il piatto quasi vuoto del presidente della Pro Loco, che aveva di fronte un piatto di portata su cui erano avanzati una coscia e un petto di pollo, e seguiva allarmato la forchetta di un altro commensale che a quel piatto sembrava avvicinarsi. Quando anche il presidente prese la forchetta, non resistette più: allungò il braccio e arpionò la coscia. Poi si ritrasse velocemente e se la piazzò sul piatto per divorarla insieme alle patatine, quindi attaccò nuovamente insalata, verdure e salsiccia, questa volta servite dalla moglie: gli bastava allungare il braccio verso il piatto prescelto e darle il comando con uno sguardo. Quella interrompeva di mangiare e gli avvicinava il piatto di portata, aspettando che si servisse per rimetterlo a posto. Lo stesso con acqua, vino e pane. Lei sembrava abituata a quei comandi e riusciva a eseguirli senza interrompere la conversazione con la vicina. Una sola volta sentii parlare il Belloccio. L'indice era puntato sul vassoio degli aceti e la moglie, ligia, gli porgeva l'aceto balsamico. "Quello di vino bianco voglio!" intimò lui con voce profonda. Lei, confusa, prese la bottiglia di aceto di vino rosso, al che lui si protese sul tavolo fin quasi a toccare la bottiglia desiderata. Lei si corresse rapidamente e gli mise accanto la bottiglia con uno "scusa" impregnato di ansia. Da quel momento lui si dedicò ai liquori e ai dolcetti. Puntava sempre il dito, accompagnando il gesto con un sibilo: "Vino rosso!", "Limoncello!". Il Belloccio non mi rivolse mai la parola; quando il bere – o la sazietà – gli sciolsero la parlantina, spiegò l'intera riforma elettorale al marito della poetessa, che nulla disse, ma calò la testa più di una volta. Nel lasciare la tavola notai che il Belloccio aveva preso al volo dei biscotti di mandorla, al passaggio, e se li era ficcati in tasca con grande perizia: nessun altro se n'era accorto.

Ho individuato altre categorie in cui incasello la gente con cui mangio o che osservo a tavola. Cerco costantemente di raffinarle, e in generale di imparare dalla natura umana, convinta come sono che la gente si rivela *nature* soltanto quando mangia. La galleria dei commensali si apre con lo Smorfioso e si chiude, all'estremo opposto, con il Comodista.

Lo Smorfioso, o meglio *la* Smorfiosa, perché molte sono donne, è un insicuro di una categoria particolare: è pieno di sé e vorrebbe che gli altri si rendessero conto della sua superiorità, ma non riesce a farla valere – per timidezza, per le batoste della vita, o perché semplicemente non è meglio degli altri. Lo Smorfioso, a differenza del Complimentoso – in genere falso –, cerca di ingraziarsi gli altri. Agli inizi del mio matrimonio vivevo a Lusaka e lavoravo nell'ufficio commerciale della neonata Zambia Airways, il cui personale era addestrato dall'Alitalia. Conobbi una hostess italiana, una bella donna alle soglie della mezza età, che era stata mollata dal comandante con cui aveva una relazione da anni: non se la sentiva di rimanere nello stesso equipaggio, così si era presa una breve vacanza e aveva accettato quell'incarico. Era una donna provata, mi dispiaceva per lei, così mentre mio marito era all'estero la ospitai a casa. Era complimentosa al massimo. Quando George le offriva il piatto di portata, diceva immediatamente, "No, faccia servire prima la signora..." e lo bloccava con un gesto della mano piegata vezzosamente all'indietro. George mi guardava perplesso. "Serviti tu, sei l'ospite," replicavo io. Con un profondo sospiro, impossibile da ignorare, quella prendeva pochi fili di pasta, con un "Se proprio vuoi, tanto ne prendo poca poca...". Le porgevo la formaggiera. "Ah, no! Questa volta devi servirti tu per prima," mormorava. "Ti prego!" insistevo io, e allora lei svuotava un mezzo cucchiaino spargendolo sulla pasta e poi lo rimetteva a posto, paga della propria modestia. Le offrivo del vino e ricevevo in risposta, "E tu lo prendi?".

"Forse, dopo. Posso versartelo?"

"Un goccio soltanto, se non lo prendi anche tu."

"Allora lo prendo anch'io," mi affrettavo a tranquillizzarla, "ne vuoi un altro goccio?"

"Grazie, sì."

Glielo versavo, e lei mi fermava la mano. "Basta così, il resto è per te, tutto."

E così perdevamo tempo; il cibo si raffreddava nei piatti anche in quel clima tropicale, George rimaneva immobile come una statua accanto a lei aspettando che si servisse, anche lui irritato dai "lo porti alla signora", "grazie, è troppo", "non ne rimarrà più", mentre io ero la vittima dei "serviti prima tu", "prendine un'altra cucchiaiata" o un "ne vuoi ancora?". Non ricordo di aver mai perso la pazienza a tavola, ma era una gran fatica. Era ovviamente complimentosa, ma con al fondo qualcosa di acido.

"Come cucini bene, io non sarei capace..." E poi, dolce dolce: "La ricetta è quella dell'Artusi?". Al mio no, con un altro sospiro, scuotendo appena la testa: "Lo avevo pensato... Io i pomodori li tengo sul davanzale due giorni, così al sole diventano più dolci. E tu?". Lei sapeva bene che nella mia cucina il pomodoro andava nel frigorifero, assieme ai formaggi, per proteggerlo dal caldo africano. In quanto al davanzale della finestra, peraltro stretto, era il posto su cui i due gatti di casa si sdraiavano per prendere il fresco e guardarsi intorno. Al mio "No!" scuoteva di nuovo la testa mormorando: "In effetti..." un sorriso da prima classe che metteva in mostra tutti i denti, e poi aggiungeva, "...questo spiega quel sapore un po' aspro...".

Non l'ho più rivista da quando l'accompagnai all'aeroporto, né ho mai più ricevuto sue notizie.

Simile alla Smorfiosa, il Chiacchierone può tuttavia essere una bella persona quando non si è a tavola; se avesse rispetto per gli altri o gli avessero insegnato le buone maniere, sarebbe un commensale di tutto rispetto. Monopolizza la conversazione, attacca bottone al vicino alzando la voce nella foga e trascura di mangiare, oppure – peggio – parla con la bocca piena mostrando il cibo che sta masticando e perfino sputacchiandolo intorno. Se è un bravo raconteur, può animare la conversazione. Questo non compensa le sue colpe come commensale: rallenta il pranzo, fa aspettare chi ha già finito perché ha ancora il piatto pieno e soprattutto toglie agli altri la possibilità di dire la loro o di cambiare argomento. Tacitarlo è difficile, ma non impossibile. Per esempio, affidandogli un compito: "Assaggia di nuovo lo stufato, e dimmi cosa manca".

Lo Scontento e il Super-critico sono simili, a volte intercambiabili. Il piacere della tavola non concede eccezioni: brutte notizie, critiche e pensieri tristi dovrebbero essere banditi mentre si mangia. Loro però cercano di intrufolarveli: con mezze battute, con un atteggiamento disfattista e un pessimismo a oltranza. Lo Scontento può essere perfino comico. Si serve per la seconda volta di peperoni e commenta: "Quest'anno sono venuti malissimo, mi faranno più acidità del solito". Il Super-critico è semplicemente abominevole, soprattutto quando riesce a persuadere gli altri della sua credibilità. Se uomo, si vanta della propria conoscenza enologica; se donna, sostiene di conoscere tutti i libri di ricette e i programmi televisivi di cucina. Nessuno dei due si accontenta di quanto viene offerto a tavola ed entrambi criticano velatamente la padrona di casa, esplicitamente tutti gli altri: dai ristoratori ai produttori, ai supermercati, a chi coltiva biologico. Spesso cercano di spacciare informazioni spurie per grandi verità, e diventano affini ai Presuntuosi.

Il Presuntuoso deve convincere gli altri che lui sa tutto ed è meglio di tutti. Spesso è di poche parole; trasmette il suo messaggio con l'atteggiamento: compìto, apparentemente ben informato, parla poco e mirato, guardando gli altri dall'alto in basso. I vicini di tavola dopo un po' cercano di evitare la sua conversazione, ma non è facile, perché le sue maniere sono spesso impeccabili.

Il silenzio è nemico della convivialità e il Taciturno a tavola può essere davvero un problema: non partecipa alla conversazione, risponde a monosillabi e si guarda in giro come se rimpiangesse di essere a quella tavola, e con quei commensali. (Probabilmente è proprio così.) La brava padrona di casa saprà sciogliere la sua timidezza o alterigia, e il buon mangiare e il buon bere faranno il resto. Se però il Taciturno non demorde, è bene lasciarlo stare e ignorarlo: forse è quello che desidera. Spesso infatti è invitato in quanto compagno di un amico dei padroni di casa e lo sa benissimo. Ma non bisogna dimenticare che certi Taciturni hanno scelto di esserlo per sopravvivere a un compagno che non sopportano. Un nostro anziano amico di famiglia patì fino alla morte di una moglie obesa e gelosa. Era anche invidiosa, prepotente e linguacciuta. Lui, normalmente educatissimo, a tavola sembrava perdere del tutto le buone maniere. Non parlava con nessuno. Si riempiva la bocca con parecchie forchettate di pasta, carne, verdure, e di pane. Poi ruminava a labbra strette guardandosi intorno; quando il suo sguardo cadeva sulla moglie, il ruminio aumentava. Quella, imperterrita, cercava di dargli ordini o di intrattenere una conversazione con lui. Ricordo la mano rugosa del vecchietto alzarsi lentamente e puntare il dito verso la propria guancia piena, che si muoveva come se ci fosse dentro una pallina di gomma; poi distoglieva lo sguardo dalla moglie, e sono sicura di aver carpito più volte un guizzo vittorioso nei suoi occhi piccini. Anni dopo, lo incontrai a pranzo da parenti. L'ascensore di casa si era rotto e la moglie non era potuta venire. Il vecchietto era totalmente diverso dal solito: mangiava lentamente, ma non più con i bocconi enormi a cui eravamo abituati, e chiacchierava gradevolmente con tutti.

Il Gourmet appartiene a una casta che ho conosciuto da adulta e all'estero. Gli inglesi, che non hanno una grande tradizione culinaria, si dedicano sempre più numerosi allo studio del cibo e dei vini con l'assiduità e la presunzione del neofita: perché desiderano mangiare e bere bene, ma anche per vincere il loro complesso di inferiorità – uno dei pochi – nei riguardi dei paesi in cui si mangia meglio e dove si producono buoni vini.

Il Sommelier prende la bottiglia di vino, ne studia l'etichetta e la rimette sul tavolo senza dire niente, guardandosi vagamente intorno. La padrona di casa diventa ansiosa, gli altri commensali non sanno come comportarsi – dire qualcosa sul vino? berne ancora? –, mentre lui si gonfia come un pavone. A volte un altro Gourmet prende la parola e tra i due comincerà un duello all'ultimo sangue, in palio l'ammirazione degli altri commensali. Quando l'anfitrione è lui, i commensali devono sopportarne la prosopopea – un piccolo sacrificio per un ottimo pasto e per vini eccezionali. I Gourmet sono permalosi e dunque si offendono facilmente, soprattutto quando non si sentono apprezzati o credono che la gente li prenda in giro.

Da giovane moglie mettevo mio marito in imbarazzo davanti ai suoi amici gourmet, a suo dire perché parlavo troppo e a sproposito. Io invece sostenevo che, anche quando sbagliavo, mi comportavo educatamente e apprezzavo quanto offerto in tavola. Una volta eravamo a cena da un amico che era un gran cuoco. Ci servì un ottimo piccione, piccolo e gustoso. "Non mangiavo piccioni da anni," dissi, "è saporitissimo!" Lui fece una smorfia e non mi rivolse più la parola. Sulla via del ritorno appresi che il piccione che mi era piaciuto tanto era una quaglia. Un'altra volta, a cena con un altro amico di mio marito, si discuteva se i vigneti di una particolare sezione del Reno producessero vini migliori sulla riva meridionale o su quella settentrionale. Ciascuno diceva la sua sciorinando nomi, annate e proprietario dei vigneti di cui parlavano. La discussione dapprima mi annoiava, poi mi incuriosì: "Qual è la differenza tra i terreni delle due rive?" chiesi, da figlia di agricoltori, e nessuno seppe rispondermi. Mi sentii imbarazzata e non parlai più. Con la crème caramel ci venne servito quello che a me parve un sidro profumatissimo, delizioso. Convinta che fosse un sidro eccezionale, lo dissi, forse per riabilitarmi. Era uno dei migliori vini da dessert di Francia, con un bouquet che ricordava il profumo di mela. Anche quella volta, mentre tornavamo a casa, mi fu detto che avrei fatto meglio a star zitta.

In base alla mia esperienza, i Gourmet spesso mancano di humour: la passione per il cibo li porta a essere assolutisti. In compenso sanno stare a tavola, imbandiscono ottimi pasti e offrono ai loro invitati serate gradevolissime, a volte memorabili.

Simile al Gourmet è l'Ingordo, che però è un pessimo commensale e anfitrione. Da lui in poi, la galleria dei commensali entra nella zona rossa dell'egoismo. L'Ingordo si serve per primo e per ultimo, prende quello che gli piace senza alcun rispetto o pensiero per gli altri e le sue maniere a tavola sono tra le peggiori. Acchiappa due o tre fette di pane dal cestino, si taglia grossi pezzi di cacio, afferra manciate di ciliegie, sceglie i grappoli d'uva più grossi e in generale la frutta migliore per paura che qualcun altro la prenda prima di lui. È scortese.

Nel 1970 eravamo a Londra; io ero incinta e non stavo bene. Mio marito aveva invitato a cena un amico, un giovane con ambizioni politiche che anni dopo infatti divenne deputato e ministro. Eravamo giovani e avevamo tutti pochi soldi. Io avevo comprato un piccolo formaggio francese, un Boursin, che mi faceva gola. Lo offrii dopo il dolce, come si fa in Inghilterra, ma prima di servirlo portai in cucina i piatti sporchi e vi rimasi per preparare la caffettiera. Al mio ritorno, il vassoio del formaggio era vuoto. Mio marito ne aveva mangiato un pezzetto, come si vedeva dal suo piatto, mentre l'involucro del Boursin giaceva spiegazzato sul piatto dell'amico: questi, non pago di averlo divorato, adesso scavava nella carta argentata per raccogliere eventuali residui: "How I love Boursin!". Mi girai verso la scatola dei biscotti secchi: anche quella era vuota. Non lo invitai più a casa mia.

Il Comodista raramente è un anfitrione: invitare ospiti e occuparsi della loro felicità farebbe a pugni con l'essenza della sua natura. Senza alcun dubbio, come la Smorfiosa il Comodista è un insicuro che si sente al di sopra degli altri. A differenza della Smorfiosa, però, che cerca di ingraziarseli con battute, gesti e cortesie, il Comodista parla poco, e se parla cade in un monologo logorroico. Pensa soltanto ai propri comodi. È avido e decisamente egoista. A tavola ignora gli altri commensali e sembra rendersi conto della loro presenza soltanto quando indica con il dito quello che vuole gli sia avvicinato. Adocchia vorace il piatto di portata mentre gli altri si servono e lo segue fin quando non arriva da lui. Allora cerca i pezzi che più gli piacciono e si raccoglie il sugo. Monopolizza il piatto del burro e dei formaggi. Si scola il fiasco senza offrire il vino agli altri. Il Comodista mangia come se fosse solo a tavola, e toglie o capovolge il piatto o il bicchiere se non vuole mangiare o bere quello che viene servito. Quando è satollo lascia la tavola; a volte vi ritorna, senza dare spiegazioni.

L'anfitrione ideale è quello che ama la buona cucina e vuole la felicità dei suoi ospiti. È direttore d'orchestra della sinfonia delle portate e regista del pranzo e della conversazione. Sta attento che ciascun ospite goda delle pietanze e sia a proprio agio con i commensali, ed è discreto. Non dirà mai che ha cucinato un piatto espressamente per un ospite, né insisterà perché qualcuno mangi ancora o si serva di nuovo. Se l'ospite non si è servito di una pietanza o di un contorno, l'anfitrione ideale non lo fa notare. Non si vanta di quello che ha cucinato e non critica cuciniere o cameriere.

Il posto di mia madre è sempre stato a capotavola, di fronte alla porta della cucina, e da lì controllava il viavai delle portate. Mangiava lentamente, seguendo le forchette degli ospiti. Se qualcuno commetteva un'infrazione all'etichetta, subito lo copiava per non farlo sentire in imbarazzo e con uno sguardo imperioso dava ordine a me e a Chiara di fare altrettanto. Ricordo ancora la volta che un ospite si servì delle pesche sciroppate – una rarità negli anni sessanta, e un lusso. Lo sfortunato le mise nel lavadita, prontamente imitato da mamma. Noi, per evitare di doverlo a nostra volta imitare, scegliemmo l'uva. Dopo pranzo mamma ci fece una ramanzina, mai dimenticata: avremmo dovuto seguire il suo esempio, e servirci delle pesche mettendole nel lavadita, e pensare al disagio del povero ospite, del quale avevamo messo in rilievo – anche ai suoi stessi occhi – l'errore. Mamma intuiva chi avrebbe gradito servirsi di nuovo di una pietanza e le bastava un'occhiata per far capire a chi serviva di portare quella pietanza all'ospite. Lei, che a tavola mangiava poco, si serviva per la seconda volta senza esitazione, per tenergli compagnia. Quando non ci fu più servizio a tavola, prese a lanciare quelle occhiate fugaci ma eloquenti, che nessun altro avrebbe intercettato, a Chiara e a me: dovevamo passare un certo piatto, riempire il bicchiere di vino, avvicinare sale e pepe, offrire altro pane all'ospite indicatoci da un battito di ciglia. All'inizio contestavo i suoi ordini, ma poi mi accorsi che aveva sempre ragione.

Mamma si preoccupava davvero della felicità dei suoi ospiti: quando qualcuno sembrava pensieroso gli si rivolgeva offrendogli qualsiasi cosa – del pane, altra insalata, un frutto, i dolcini – con una parola soltanto, per fargli capire che si era accorta del suo disagio e rispettava il suo silenzio.

11.

Armonia, libertà di scelta, rabbia e conforto

Il piacere di mangiare esige, se non la fame, per lo meno l'appetito; il piacere della tavola è quasi sempre indipendente dall'una e dall'altro.

JEAN-ANTHELME BRILLAT-SAVARIN, *Fisiologia del gusto o Meditazioni di gastronomia trascendente*, Meditazione XIV, p. 154.

Come una sinfonia

A casa nessuno mangiava tra un pasto e l'altro, in particolare i bambini. Non c'era cibo in giro e sconoscevo i tubetti di mentine, i pacchetti di caramelle o salatini, le merendine e tutto ciò che è oggi a disposizione dei bambini dell'Occidente. Mai affamata, andavo però a tavola decisamente "pronta". Di rado sapevo cosa sarebbe stato messo in tavola. La mezz'ora prima era densa di curiosità e aspettativa – avevo visto portare verso la cucina un sacco di carciofi, lo spesarolo era salito di fretta con un cartoccio scuro come quelli del pescivendolo, mi era parso di sentire odore di latte vanigliato. Non riuscivo a concentrarmi sui compiti, o sul gioco, e nemmeno sulle avventure dei personaggi del libro che leggevo; *sentivo* un languore fisico e un desiderio struggente, meraviglioso, che mi distoglieva da tutto senza immergermi in altro. Ora capisco che quelle sensazioni erano affini al sesto senso di Brillat-Savarin, *le génésique*, e che andavano oltre: esattamente come l'impazienza, la cocente mancanza e la certezza di soddisfazione che precedono l'incontro con un amante ben rodato.

L'appetito e la curiosità rendono godibilissima l'esperienza del mangiare e della convivialità. L'abuso degli antipasti la uccide. Nelle famiglie siciliane non si servivano antipasti; le rare volte in cui scopiazzavamo gli altri, offrivamo in salotto con l'aperitivo – anche questo insolito – mandorline salate, spellate e passate nell'albume, con un po' di sale, quindi messe in forno caldo, velocemente. Di recente, nell'arco di due giorni mi è capitato di mangiare in due ristoranti agli angoli opposti d'Italia – Piemonte e Sicilia –, cucina regionale gustosissima, ma con un'abbondanza di antipasti e portate, peraltro squisiti, semplicemente riprovevole. Il tutto, impiattato. In Piemonte ho assaggiato il fritto: quadratini di frittatine deliziose e poi ben due piatti di diciotto fritti, uno di carne – cinque tipi, più interiora e animelle – e l'altro di frutta e ortaggi in pastella dolce. In Sicilia, antipasti freddi e caldi, tutti salati: verdure fritte in pastella, frittate, trippa con salsa di pomodoro, caponata, peperonata, pizzette, impanate, crostate salate, insalata di pesce, alici condite con olio e limone, polpette di carne e di pesce, cetrioli e cipolle sott'olio, ricotta e formaggi. In ambedue i ristoranti i vini erano ottimi: accompagnavano i due primi e la portata principale, che era la stessa al Nord come al Sud – carne e patate arrosto –, segno che almeno a tavola l'unità d'Italia è ben cementata. Ma dopo gli antipasti e i primi ho faticato a mangiare la carne. Mangiucchiavo, senza assaporare. L'innata golosità per i dolci e la buona educazione – "Assaggia tutto," diceva sempre mamma – che mi spingevano a provare uno o due dolci dal carrello, sono state sconfitte dal senso di nausea causato dallo stomaco pieno. La conversazione, all'inizio piacevole e frizzante, si appesantiva, diventava sonnolenta e faticosa man mano che l'apparato digerente era costretto a un superlavoro. Siamo stati a tavola più di due ore, senza mai alzarci per una pausa, come invece raccomanda Brillat-Savarin. Ricordo quelle due cene come un incubo.

Ripensandoci, oltre alla quantità di cibo sul piatto, il problema era che a quei pasti mancava l'armonia. Un buon pasto dev'essere come una sinfonia, con un filo – ora lento, ora teso – che unisce e introduce i nuovi elementi dell'orchestra, i tempi diversi e perfino le apparenti dissonanze. In Cina questa è un'arte. Nella cucina europea nobiliare c'erano gli entremet – gelatine, piccoli assaggi, sorbetti, bevande – che pulivano il palato, segnavano una pausa e introducevano la nuova portata.

La mia voce di scontento però è solitaria; la gente ama i pasti pantagruelici, retaggio di passata povertà e carestie, quando ci si rifaceva della fame alle abbuffate organizzate per le feste religiose o per celebrare nascite e matrimoni. Nei paesi del Nord Europa, e in particolare in Irlanda, le imbandivano anche ai funerali.

Nel 1966, a Harvard, scoprii le gioie di Joyce Chen, un ristorante cinese che a mezzogiorno della domenica offriva al modico prezzo di quattro dollari un buffet, costantemente rifornito, in cui si poteva mangiare di tutto, senza limiti: una pacchia per gli studenti con pochi denari, ma anche un abominio. Mio marito e i suoi amici si rimpinzavano talmente da saltare non soltanto la cena, ma anche la prima colazione e il pranzo del lunedì. Ora Joyce Chen è stato superato da una miriade di imitatori: pizzerie che offrono pizze e focacce – e insalata verde, per una parvenza di salutismo – a volontà; bar che all'happy hour presentano sui banconi vassoi colmi di antipasti, salatini e tartine costantemente riforniti nella certezza che il consumo dei superalcolici dei giovani e giovanissimi avventori compensa la spesa del cibo; ristoranti indiani che danno un buffet favoloso a modico prezzo e i nuovi ristoranti sudamericani di arrosti allo spiedo o cotti direttamente sulla brace, di carne ottima, tagliata fumante dagli spiedi sul tavolo dei commensali, e servita a volontà. Posti in cui ci si ingozza.

Ironicamente, nei ristoranti di lusso che vorrebbero essere raffinati si servono porzioni minuscole su piatti enormi. La nostra epoca è caratterizzata da eccessi, dal troppo al troppo poco, dalla ricchezza alla povertà, e questi eccessi si riflettono anche sull'alimentazione, penetrando perfino in quelli che chiamano menu gastronomici. Che nulla hanno a che fare con la gastronomia.

La libertà di scelta dei bambini: "rùmpiri" e scodellare

Uno dei piaceri della vita è la libera scelta – di far bene, di far male e di far nulla: un privilegio raro in quanto non soggetto alla volontà di qualcun altro. Dobbiamo sempre tener conto del bene altrui e del bene comune, e del volere della maggioranza. Proprio per questo, tutte le volte che la libera scelta è possibile bisogna esercitarla. Nella famiglia di mia madre vige a questo proposito un'antica tradizione articolata in due veri e propri riti, che si tramandano di madre in figlia e riguardano nonna e nipote al disotto dei tre anni.

Ero a Palermo con il mio primogenito, Giorgio, di venti mesi. Mamma chiese il permesso a mio marito e gli spiegò cosa avrebbe voluto fare; poi lo chiese a me. Zia Teresa l'aveva aiutata con i preparativi, complessi ed elaborati, ed era tutta un sorriso: la "rumpitura" non si faceva in famiglia da quando suo figlio Silvano era bambino. Sul pavimento della cucina erano stati disposti diversi strati di fogli di giornale, per proteggere la maiolica e per rassettare poi, a cose fatte, più facilmente. Mamma e zia Teresa avevano scelto il posto in cui mettere il seggiolone di Giorgio: con le spalle alla porta a vetri dell'armadio dei piatti, e lontano dalle finestre e dalla lampadina elettrica. C'era perfino un vassoietto con acqua ossigenata, bambagia e cerotti, e persino – per scaramanzia – una benda, semmai Giorgio o uno di noi si fosse fatto male. Le due sorelle chiamarono mio marito e me per ispezionare il tutto, inclusi i piatti selezionati con grande cura: dovevano essere attraenti per un bambino ma in cattive condizioni, e dunque di nessun valore. Nel frattempo Giorgio, ignaro, giocava con le macchinine sul tappeto ai piedi del nonno. Mamma era pronta. Si prese Giorgio in braccio e lo portò in cucina, seguita in processione da tutti noi. Mamma legò Giorgio per bene sul seggiolone e mise sul vassoio davanti a lui due piattini da caffè, uno lineato e l'altro spizzicato. "Giocaci, Giorgilì," gli diceva, "puoi fare quello che vuoi: anche farlo cadere a terra. E romperlo!"

Mentre parlava aveva preso in mano un piattino e cercava di fargli capire che doveva farlo cadere per terra. Giorgio, sconcertato, non si muoveva. La osservava e poi fissava il pavimento, coperto quasi interamente dalla carta di giornale che frusciava sotto i nostri passi. Evidentemente si ricordava che io, a Oxford, mettevo la carta per terra quando il gatto aveva ucciso e mangiato topi o uccelli, per paura che di notte vomitasse. "Micia! Dov'è Micia?" sbraitava, temendo che la vecchia gatta dei nonni stesse male. Dopo essersi tranquillizzato che Micia era in ottima salute, cedette alle pressioni della nonna. E sollevò un piattino. Lei lo incoraggiava a farlo cadere per terra, ma lui si rivolgeva a suo padre e a me, per una improbabile approvazione che gli venne enfaticamente concessa. Ma lui non ci credette, all'inizio. Poi sì. Allora decise di darci una lezione: non avrebbe fatto una monelleria soltanto perché glielo avevamo permesso. Più lo incoraggiavamo, più lui ci prendeva in giro. Faceva la mossa di gettare il piatto, e poi lo posava sul vassoio. E rideva. E noi dietro a lui. Tutto a un tratto mamma non rise più. Giorgio prese il primo piattino e lo scaraventò per terra. Poi il secondo. I cocci rimbalzavano dappertutto. Leste, mamma e zia Teresa mettevano sul vassoio altre tazze e altri piattini fiaccati; lui ci prese gusto e volle sperimentare altri modi: lanciando il piatto lontano, facendolo scivolare a terra dal vassoio o cadere a piccoli spintoni verso il bordo; stendendo il braccio verso il pavimento, come se potesse allungarsi e posarlo sui giornali, poi lasciando la presa e mandandolo in frantumi accanto a lui.

Andarono in pezzi sei piattini e una tazza. Dopo di che mamma gli annunciò solenne che aveva imparato a rompere, e non doveva dimenticarlo: da allora in poi non avrebbe rotto nulla in casa né fuori, e avrebbe rispettato le cose fragili. Il messaggio non passò; trasportato dalla frenesia di rompere, Giorgio avrebbe voluto continuare. Ma le gesta di quel giorno, ripetute e abbellite nel racconto della nonna, gli conferirono l'orgoglio di quanto fatto e incoraggiarono in lui la magnanimità della scelta di non distruggere.

Il secondo rito di iniziazione, meno dannoso, ma altrettanto rischioso, consisteva nel permettergli di servirsi da solo dei tortellini in brodo, con un coppino piccolo usato per le salse, e di servire gli altri. Anche questo fu celebrato in cucina, l'anno seguente. E a Giorgio piacque immensamente. Spruzzava dappertutto, sbagliava la mira, ma alla fine riuscì a riempire la sua ciotolina e quelle che gli porgevamo. Alla fine erano rimasti pochi tortellini. Mamma gli disse di darne uno a ciascuno di noi. Giorgio protestava, li voleva tutti per sé. "Non è giusto, noi contiamo quanto te, anche se siamo adulti," gli disse lei. "Tu devi *volere* che ciascuno di noi si prenda un tortellino. Altrimenti sarebbe ingiusto." Convinto, Giorgio ce ne diede uno per uno.

Non conosciamo altra famiglia con simili riti di iniziazione. La bisnonna Francesca li officiò con ciascuno dei sedici nipoti, mentre la mia nonna materna – che morì giovane – riuscì a farlo con cinque nipoti: l'ultimo fu Silvano. Dev'essere la nonna, mai la madre, a incoraggiare il nipote a commettere quelle infrazioni. Nonna Francesca sosteneva che i suoi otto figli erano cresciuti retti e onesti grazie a questi riti; anche mamma è convinta della loro efficacia, e più di una volta mi ha fatto notare che i miei figli in casa non hanno mai rotto nulla, mostrando sin dall'infanzia un profondo senso della giustizia e una notevole capacità di autocontrollo: "Servire la minestra è un compito importante; conferisce il potere di preferire un commensale agli altri. Dai presto potere ai tuoi figli, e insegna loro a controllarlo".

La ricotta di Lillo e le regolamentazioni della Comunità europea

Anche nel cibo si incontrano restrizioni alla nostra libertà. Fino a un quindicina di anni fa, nel periodo degli agnelli mangiavamo a Mosè ottima ricotta e quagliata squisita, preparate da Lillo, il pastore, in un bugigattolo in cui, come prima di lui i suoi antenati, bolliva il latte nel pignatone per fare il formaggio. Lillo aveva clienti fedeli e soddisfatti. Nessuno di loro o di noi, in fattoria, ebbe mai a lamentarsi dei suoi prodotti: freschissimi, sani, genuini, e buoni. Poi vennero le regolamentazioni della Comunità europea e Lillo vendette le sue pecore: non avrebbe mai guadagnato abbastanza da sostenere le spese per ottemperare alle norme d'igiene e alla regolamentazione della produzione imposte da Bruxelles. E come noi, milioni di persone hanno dovuto rinunciare al cibo sano, gustoso e locale, senza additivi e alterazioni, perché prodotto da un individuo la cui attività era piccola e che non era in grado di adeguarsi alla normativa europea. Norme prive di elasticità e di buon senso, e dunque ottuse e bieche, che hanno protetto gli interessi dei grandi produttori distruggendo i cibi più genuini.

Le malattie del cibo

Le rare volte che sfoglio le riviste femminili, la magrezza oscena delle modelle e i loro visi stravolti mi disturbano. Non un sorriso, non una spalla rotonda, non un avambraccio ben tornito, non un paio di gambe che, dritte, non lascino uno stretto, lungo vuoto tra le cosce. In Inghilterra, anoressia e bulimia imperversano nelle scuole, fin dalle elementari, tra le femmine come tra i maschi. Mia nipote Lola aveva tre anni quando mi disse che una sua amichetta era "yuck" – troppo grassa – mentre lei era bella magra. Gli obesi aumentano a vista d'occhio. Al Tribunale dei minori non mancano mai tra gli avvocati e gli assistenti sociali, e nemmeno tra i genitori – certe volte la stragrande maggioranza dei presenti in aula è costituita da obesi. Li vedo stipati nei sedili dei metrò e degli autobus, ansare per le scale, nei McDonald's intenti a rimpinzarsi di hamburger, per strada, mentre sgranocchiano tavolette di cioccolato camminando sui marciapiedi. Mangiare per gli obesi non è una questione di scelta e di qualità, è soprattutto una questione di quantità.

Oggi le anoressiche abbondano anche tra le donne di successo nelle professioni e nella City, ma continuano a essere più numerose tra le giovanissime, di qualunque classe sociale. Conoscevo ragazzine che di anoressia sono morte. Fino alle soglie dei miei trent'anni non avevo mai sentito parlare di questo male. Poi venne una au pair figlia di amici, una ragazza coraggiosa e allegra – molto magra. Subito si offrì, con mio grande sollievo, di occuparsi della spesa giornaliera al mercato di Brixton. Mangiava poco, ma lo nascondeva con sapienza: si alzava per prima e toglieva il suo piatto senza far vedere quanto aveva lasciato; si serviva di poco arrosto spiegando che aveva "spizzicato" in cucina mentre lo tagliava, quando addirittura non lo rifiutava con la scusa di lasciare spazio per il dolce, di cui era ghiottissima.

Dopo qualche tempo cominciai a impensierirmi: un sabato eravamo sole a casa e lei si era offerta di preparare il pranzo. "Prosciutto e formaggio e poi frutta, direttamente sul piatto, in giardino," suggerì, e io fui d'accordo. Quando posò il mio piatto sul tavolo, conteneva una sottilissima fetta di prosciutto, una cucchiaiata di cottage cheese, un cetriolino sott'aceto e due Melba toast (simili ai nostri cracker), disposti artisticamente. Li divorai, ma lei prendeva il suo tempo. Il prosciutto era troppo salato, e grasso, disse, e lo lasciò. Poi si alzò per andare a prendere la frutta, "sta bene con il formaggio," disse. Le mele erano piccoline, rosse e gialle, molto belle e profumate. Ne presi una, ma lei mi mise la mano sul braccio: "La dividiamo?". Aggrottai le sopracciglia e acconsentii, perplessa. Intanto la osservavo tagliare la mela in quarti con accuratezza – assorta, esatta. Ne mise due sul mio piatto e tenne per sé gli altri due. Cominciò a mordere avida il primo, osannandone la dolcezza e la fragranza del profumo. Poi annunciò che si sentiva piena. Io avevo fame, e allungai la mano per prendere un'altra mela. "Ti fanno male!" mi ammonì.

Notai poi che era maniaca del controllo: sul suo corpo e su tutto ciò che la riguardava e che ricadeva nella sfera delle sue competenze – era più forte di lei. Dopo un paio di settimane, mi accorsi che vomitava di nascosto e che non aveva mestruazioni. E che la sua conversazione verteva soprattutto sul cibo, sui cioccolatini, sui grandi negozi di cibi esotici, sui ristoranti dove asseriva di essere stata invitata. Fu lei a introdurci all'impiattata, ovvero all'abitudine di portare in tavola i piatti con il cibo già servito in porzioni, eliminando il piatto di portata. La faceva per i miei figli e cercò in tutti i modi di farla anche per mio marito e per me, ma noi resistemmo. "Così il pasto è ben dosato", "Le proporzioni di verdure e carne sono perfette", "Una fetta di pane sottile è la giusta quantità di carboidrati," insisteva, e poi cercava di sedurmi facendo leva su una mia debolezza, la presentazione. "Ti ho fatto un piatto bellissimo, sembra un quadro!" diceva portandomi un piatto con poco cibo tagliuzzato e sparso in modo da coprire interamente la ceramica beige.

Uno dei piaceri della tavola, invece, è scegliere cosa e quanto mangiamo. A me piace scegliere, con discrezione, sul piatto di portata, i petti di pollo invece delle cosce, che non mi aggradano per niente. Mi piace decidere quanti piselli desidero mangiare, e quante patate. Poi mangio con gusto e lascio il piatto pulito. Cose del passato.

Perfino in famiglia, e soprattutto ai pranzi, oggi si servono scodelle piene di minestra, piatti già conzati e torte già tagliate a fette. I padroni di casa decidono cosa e quanto devo mangiare. È ironico che, in un'epoca in cui vige il massimo rispetto nei confronti di diete e intolleranze alimentari, chi non segue un regime particolare debba consumare quanto gli viene posto davanti, come se fosse in convitto. Abituata a mangiare tutto quello che ho sul piatto, certe volte lascio la tavola di amici con una sgradevolissima sensazione di pienezza. A casa mia, anche se siamo in due, servo quello che c'è su un minuscolo piatto di portata: la scelta appartiene ai miei ospiti.

Nei ristoranti, specialmente i più costosi, si servono varie pietanze già conzate sul piatto, carne o pesce e verdure, in un modo immaginativo e perverso: a torre di Babele, in piatti di tutte le forme – rotondi, quadrati, rettangolari, a mezzaluna – che ogni anno diventano più grandi e più vuoti. Credo di aver ordinato tournedos, purè di sedano rapa, carote e zucchine, e mi vedo piazzare davanti un piatto enorme con al centro una di quelle costruzioni di pongo che i miei figli facevano all'asilo: le patate sono quattro quadrati sottilissimi sovrapposti a formare una stella, su cui poggia una noce di purè di sedano rapa e su cui sono intrecciati otto bastoncini di carote e otto di zucchine, non uno di più, non uno di meno, con un non so che di marrone sulle punte – ecco, sono stati brevemente caramellati. La torre è schiacciata dal grosso tournedos, con sopra delle fette sottili di cipolla, anche quella caramellata. Del sughetto, il mio amatissimo sughetto in cui intingere il pane, non c'è ombra. Ah, mi sbaglio, vedo sul piatto dei ghirigori marroncini: sarà quella la salsa. Pochina. E naturalmente fredda. Sul lato opposto, due fiori di nasturzio e un rametto di rosmarino. Come se fossero caduti sul piatto per caso. Questa Babele mi è stata servita di recente in un famoso ristorante, molto costoso.

Un tempo, questo tipo di pasto era offerto sugli aerei di linea. Ora non più, dobbiamo accontentarci di una bevanda e poco altro, ma coloro che ne hanno nostalgia possono trovarlo in qualsiasi ristorante che abbia delle pretese di eleganza.

Ogni qualvolta me ne lamento, mi viene detto che al ristorante l'impiattata è, in gran parte, inevitabile, perché rende il servizio più rapido e dunque permette di risparmiare sui costi del servizio. Ho i miei dubbi, perché richiede maggior lavoro nelle cucine – per "montare" i piatti –, ma soprattutto trovo inaccettabile che si voglia risparmiare sui costi dei camerieri di sala nei ristoranti di lusso, dove il cliente paga caro e merita il servizio individuale delle varie parti del piatto ordinato. Forse l'impiattata permette di risparmiare *marginalmente* sul servizio nei ristoranti modesti, che, ironia della sorte, almeno in Sicilia sono poi quelli che servono ciascuna pietanza individualmente. L'impiattata dei ristoranti di lusso non ha altra giustificazione che il tentativo di stordire il cliente con l'insieme del piatto enorme e della presentazione raffinata e inconsueta della pietanza, intimidirlo e ridurre la sua capacità di giudizio individuale. Il fatto che poi si riesca a fargli pagare senza protestare un conto salato, convincendolo che apprezzare un pasto del genere conferma o innalza il suo status sociale e culturale, mi fa pensare alla favola *I vestiti nuovi dell'imperatore*.

Un tipo diverso di pasto personalizzato, anche questo impiattato, è apparso nell'ultimo ventennio e si è radicato nelle giovani famiglie in cui entrambi i genitori lavorano e per le quali i prodotti biologici sono la norma. Le diete, non soltanto quelle per dimagrire e mantenersi in forma, ma quelle salutistiche, imperversano e condizionano: ogni membro della famiglia ha la propria dieta, spesso anche la propria intolleranza. È ormai raro che due persone all'interno dello stesso nucleo seguano lo stesso regime alimentare. Le mamme che lavorano compensano la carenza di contatto diretto con i loro piccoli durante la settimana con un interesse quasi ossessivo per la loro dieta – i bambini adesso hanno il proprio cibo e anche prodotti normali, come cornflakes e pastina, si vendono in confezioni e forme apposite per loro (scatole con fumetti, pastina a forma di lettere dell'alfabeto, formaggini a striscioline) – e le loro attività giornaliere: sportive, didattiche, ludiche e artistiche, prescritte da libri che sono diventati la Bibbia dei genitori. Una mamma mi raccontava di aver seguito nei minimi dettagli, e a un costo notevole, una famosa dieta secondo cui a due anni il bambino deve essere già stato introdotto in piccolissime dosi a decine di alimenti – dagli asparagi alla papaia, dall'avocado al rognone, ovviamente privi di sale – che, altrimenti, non gli piaceranno da adulto. Gli scaffali di supermercati e farmacie sono pieni di prodotti alimentari per bambini da zero a ventiquattro mesi. Superato il secondo anno di età, quando in genere tutti i guru accettano che i bambini condividano molto del cibo preparato per la famiglia, subentrano i marchi, con prodotti specifici per bambini pubblicizzati in tv e sui dvd.

Sono stata ospite di una giovane famiglia. Alla prima colazione il figlio di quattro anni mangiava lo yogurt di una multinazionale connessa con un programma televisivo per bambini; il padre, un altro yogurt della stessa multinazionale ma con aggiunta di enzimi; la madre, ananas impacchettato in porzioni singole da un'altra multinazionale. A pranzo, tutti mangiavano formaggi diversi, benché non dissimili: il bambino, un formaggino con il disegno di una tigre – famoso personaggio dei cartoni animati; il padre, uno stracchino; la madre, un formaggio soffice quasi identico allo stracchino ma in un contenitore diverso. Durante il mio soggiorno ho notato che soltanto due volte abbiamo mangiato la stessa pietanza: una pasta al pomodoro, che al bambino non è piaciuta. In quella famiglia si mangiano insieme cibi diversi. I suoi membri non sono più commensali: non si passa il piatto di portata, non si commenta ciò che si mangia, non si discute su come è stata cucinata una pietanza. A ciascuno il suo cibo. Perfino il bere è individualizzato: chi vuole l'acqua liscia, chi frizzante, chi prende la Coca-Cola. Non si offre e non si desidera. Non mi sorprende che non ci sia conversazione. A intrattenere è la televisione, il commensale de rigueur, molto spesso con un programma di cucina.

Mai come allora mi sono resa conto che intorno al cibo si è ormai sviluppato un colossale giro di denari.

Rabbia e conforto

Il compito dell'avvocato di un bambino che vuole ritornare dalla mamma da cui è rifiutato è sempre penoso. A volte, insopportabile. Lucille, una bambina di sette anni nata in Inghilterra ma allevata fino all'anno precedente a Trinidad, dalla nonna materna, andava a scuola con abiti inadatti al clima invernale e le scarpe rotte. Sembrava infelice e aveva paura degli adulti e dei compagni, che la prendevano in giro per l'accento trinidadiano. Andava male in tutte le materie. La maestra ne aveva parlato con la direttrice e poi con gli assistenti sociali, ma nessuno di loro aveva avuto un colloquio con lei o con la madre. Una mattina, la nuova insegnante di

139

educazione fisica aveva notato ferite e lividi sulle braccia e sulla schiena di Lucille. L'assistente sociale che andò a casa sua vi trovò una donna che dichiarava di essere la zia: disse che madre e figlia vivevano da sole e che lei badava alla bambina perché la madre era partita da due giorni per Trinidad e sarebbe tornata la settimana seguente. Il padre, che aveva la propria famiglia, non si occupava di lei. La zia si era accorta che Lucille non era ben curata e voleva prenderla con sé: avrebbe fatto del suo meglio e Lucille, che era molto timida, si sarebbe trovata male, altrove. Ma la spiegazione non sembrò sufficiente e dovettero intervenire i servizi di emergenza. Nel pomeriggio, all'udienza preliminare, il giudice aveva affidato Lucille ai servizi sociali: l'avrebbero portata in una casa-famiglia di prima accoglienza – la scelta peggiore, perché lì, con altri bambini che andavano e venivano, e personale che lavorava a turni, sarebbe rimasta isolata; le sarebbe stato difficile stabilire un rapporto affettivo con un singolo individuo, come invece è possibile nelle famiglie affidatarie. Ecco perché avevo sperato che gli assistenti sociali le trovassero una famiglia affidataria. Ma non ce n'erano disponibili.

Sola con la piccola cliente appena conosciuta, aspettavo l'arrivo della direttrice della casa-famiglia: ritardava, e io cercavo di intrattenere Lucille. Aveva gli occhi gonfi ma non aveva pianto. Le chiesi della nonna. Le sarebbe piaciuto tornare a vivere da lei; la madre, però, non lo avrebbe permesso. "Nonna cucina i bastoncini di plantain fritti, i più buoni del mondo!" Aggiunse che, una volta a casa, era diventata l'aiutante-cuoca della madre. "È bello cucinare con mamma. Ha tanto da fare e mi permette di aiutarla. Così le voglio bene," disse. Poi una pausa. "Ma quando viene mio padre, che vuole trovare la sua cena pronta e calda, non ha più tempo per me."

Non riuscii a trattenere la domanda che mi bruciava sulle labbra: "Vorresti andare a vivere da tuo padre?". Lucille mi puntò addosso i grandi occhi desolati. "Non è possibile.

Lui ha sua moglie e tre figli grandi. *Quella* è la sua famiglia. Però viene ogni sera da noi; mangia, poi va di sopra con mamma e dopo un po' se ne torna a casa sua." Fece una pausa. "Certe volte mi porta un sacchetto di caramelle. Quando gli va." E non volle dire altro.

La seguivo dalla finestra mente scendeva gli scalini del Tribunale accanto alla direttrice della casa-famiglia, una donna alta e robusta. Camminava a piccoli passi, riluttante, come se avesse paura. Mi si strinse il cuore.

Tornai a casa tardissimo; mio marito cenava fuori e i figli si erano arrangiati con una frittata e degli avanzi. Mortificata, mi ripromisi di preparare una brioche: l'avrebbero trovata calda calda la mattina dopo. Non credo ci sia un piatto la cui preparazione sia più adatta a esprimere rabbia e frustrazione contro il mondo intero. Dolce, burrosa ed elastica, la brioche dovrebbe stimolare sentimenti opposti, rilassanti, rappacificanti. Invece no. Si comincia dalla preparazione, lunghissima. Disposi un quarto della farina sul tavolo, a fontana, con un buco in mezzo. Sciolsi delicatamente il lievito di birra con poca acqua tiepida e ce lo buttai dentro. Poi impastai il tutto, velocissima, in una palla rotonda. Un'incisione a croce con il coltello, come se volessi tagliarla in quarti, e la misi a riposare accanto alla caldaia.

Versai sul tavolo il resto della farina e vi aggiunsi due uova, sale e zucchero. La pasta collosa dev'essere lavorata a mano. Si raccoglie con il coltello e la si sbatte a più riprese sul ripiano. A contatto con il marmo, ciak ciak. Su e giù, ciak ciak. Appicciata alle mani, la raccoglievo, la sollevavo e la sbattevo di nuovo con forza; raccolta, sollevata e sbattuta, ancora e ancora. Ogni sbattuta sul marmo era come dare uno schiaffo alla mamma di Lucille, un altro al padre, uno ciascuno alla maestra e alla direttrice, che non avevano fatto nulla, e ben

141

due schiaffi agli assistenti sociali, per non aver ascoltato Lucille, per non aver cercato di conoscerla e di instaurare con lei un rapporto di fiducia. E per non averla lasciata con la zia almeno una notte, per poterle trovare un famiglia affidataria. Ciak ciak. La pasta era diventata elastica e omogenea, incorporando tutte le briciole sul tavolo. Mi si staccava dalle mani lasciandole pulite, e così anche dal marmo, in un solo pezzo. Ciak ciak. E uno schiaffo anche per me. Non avrei dovuto lasciarmi coinvolgere tanto, dopotutto ero soltanto un avvocato. Ciak ciak, l'aggressività svaniva. La rabbia non c'era più. Aggiunsi la palla di lievito: era raddoppiata di volume. La schiacciai tra le mani e poi, tirando e allargando, la feci diventare grande quanto il rettangolo di pasta. Pianificavo il da fare: innanzitutto, esigere che l'assistente sociale andasse a parlare con Lucille a solo, nella speranza che le dicesse più di quanto aveva detto a me. C'era qualcosa che non andava in quella famiglia, e non era il padre. O almeno non soltanto.

Martellavo con gli indici i due impasti, anziché pigiarli, come se suonassi una pazza musica al pianoforte, alternandoli – mentre ne spingevo dentro uno, tiravo fuori l'altro. Dentro e fuori, su e giù. Bisognava parlare con il medico curante, da cui Lucille era andata più di una volta, per dei mal di stomaco. Perché non ci avevo pensato prima? Una sfilza di ditate, e le due sfoglie divennero un tutt'uno. Lisce, soffici. Una pausa. Era dovere dei servizi sociali, lo prescrivevano i manuali che dovevano ascoltare quanto aveva da dire il medico. Aggiunsi il burro. L'impasto divenne oleoso, scivoloso, viscido. Perché la madre trascurava Lucille? Perché l'aveva portata a Londra da Trinidad? Battevo con foga – mani e dita impastricciate da quella colla disgustosa ma dal profumo meraviglioso. Quel padre, descritto come un lavoratore onesto, contabile di un piccolo costruttore, che andava a cena dalla madre ogni sera, perché non aveva notato il disagio e la sofferenza di Lucille? Perché se n'era lavato le mani di lei?

Battevo, battevo. Mi era ritornata la rabbia, la smaltivo battendo forte. Elastico come prima, e vellutato, l'impasto era pronto; avevo formato una palla, che si staccava dal marmo come se fosse stata di gomma. La misi a riposare in una terrina, e andai a guardare il telegiornale della notte.

Prima di andare a letto controllai l'impasto: aveva già cominciato a montare. Coprii la terrina con un coperchio e la misi al freddo, sul davanzale. Era l'una. Sei ore di riposo, diceva *Il talismano della felicità*, prima di mettere la brioche in forno, a forma di ciambella, alle sette in punto. Sarebbe stata pronta per la prima colazione, alle otto.

L'indomani non sentii la sveglia; quando mi alzai, i figli avevano già fatto la prima colazione ed erano pronti per andare a scuola. La palla di brioche dovette rimanere sul davanzale della cucina. La sera, dopo una giornata di lavoro pesante e insoddisfacente – non ero riuscita a combinare niente di buono per Lucille –, non trovai la terrina. Un biglietto della cameriera mi informava che aveva gettato l'impasto, sapeva di acido. Mi sentii lo stomaco vuoto e dolorante. Mi venne una gran voglia di mia madre e dell'acqua e alloro e misi a bollire nel pentolino l'acqua fredda, la buccia di limone e le foglie di alloro secco sbriciolate nel cavo della mano.

Tra i primi ricordi di mia madre c'è quello di lei, indisposta, in camera da letto. Vestita di tutto punto – mamma appartiene alla scuola di comportamento che limita l'uso della vestaglia ai tragitti tra camera da letto e bagno – e con la borsa di acqua calda sullo stomaco dolorante, sedeva accanto alla finestra e guardava fuori. Vivevamo ad Agrigento, all'ultimo piano di un palazzo che guardava la Valle dei Templi e, in fondo, il Mar d'Africa. Il cielo aperto invadeva la stanza. Lontano, il mare era come una stoffa tirata lungo l'orizzonte, le rare, lente navi come mosconi galleggianti. Mamma prendeva l'acqua e alloro, rimedio perfetto per tutti i malesseri. Era un rito: preparata sul vassoio a ringhiera ondulata, a forma di rombo – teiera, tazza e zuccheriera –, l'acqua e alloro doveva prima riposare sul tavolino. Lei sollevava il coperchio della teiera, per controllare se l'infuso era pronto. Quando il vapore saliva verso il soffitto, visibile e aromatico, e il profumo oleoso della buccia di limone si mescolava a quello delicato dell'alloro, alzava la teiera e versava il liquido – a volte pallido, altre volte ambrato, secondo la quantità e la qualità del limone – nella tazza. La riempiva soltanto a metà – per fare effetto, l'acqua e alloro dev'essere bevuta caldissima –, poi aggiungeva un cucchiaino di zucchero e rimescolava; ogni tanto, con delicatezza, il cucchiaino toccava le pareti di porcellana della tazza e tintinnava. Anche questo era parte del rito. Poi mamma beveva a piccoli sorsi continui. Dopo una pausa, riempiva di nuovo la tazza a metà e ricominciava da capo. Ogni volta me ne dava un assaggio, sulla punta del cucchiaino. Per me era il rito della crescita. A ogni sorso diventavo più grande, e consapevole della bellezza dell'ineffabile, del potere di quell'acquetta in cui una foglia e una buccia diventavano pozione magica e curatrice.

Interni con cucina

di

Maria Rosario Lazzati

Una nota

Si nota e si continuerà a notare come in questo libro compaiano poco le bevande. Soprattutto, dai menu è assente il vino.

È una scelta.

Come dice Brillat-Savarin, la qualità dei vini è fondamentale per la riuscita di una cena. E di ciò è giusto, anzi fondamentale, tenere conto.

I vini tuttavia rappresentano un mondo a parte, un altro libro.

1.

Le cucine di Rosario

Le cucine mi sono sempre piaciute, persino quella bruttissima della mia infanzia. Era lunga lunga, con poca luce naturale. L'unica finestra aveva inferriate ingombranti: il sole non entrava mai ed era così alta che per aprirla ci voleva un'asta d'acciaio con gancio, pesantissima. Un orrore. Erano le piastrelle bianche e blu, illuminate da una luce calda, a dare allegria all'ambiente. Non c'era dispensa, e conservavamo cipolle e patate in un mobiletto aperto, a tre ripiani stretti e lunghi, da dove cadevano la terra delle patate e le bucce delle cipolle. L'aglio, invece, era nascosto. Non doveva dare nell'occhio perché a mio padre, milanese radicale, non piaceva tanto. Mia madre invece, toscana, ne faceva abbondante uso e così aveva escogitato uno stratagemma per utilizzare un ingrediente a suo giudizio essenziale, senza tuttavia imporlo: ne comprava poco alla volta e lo nascondeva tra le cipolle; poi aggiungeva gli spicchi interi alle pietanze che secondo lei lo richiedevano – quasi tutte – e a fine cottura lo eliminava. L'aglio non compariva mai in tavola. E noi figli abbiamo imparato subito le virtù del compromesso.

Le erbe aromatiche si tenevano in grossi vasi di terracotta in un angolo remoto del giardino: rosmarino, salvia, timo e menta non erano ancora stati innalzati al rango di piante decorative. Il prezzemolo, invece, lo si acquistava in grandi quantità e si conservava in cucina vicino al lavello, in un boccale sbeccato o nella bottiglia di vetro del latte, prima che fosse sostituita dai cartoni, così belli e funzionali con quella forma a piramide.

I piccoli elettrodomestici erano pochi e sempre in uso: il macina-carne rosso fiammante, all'uopo anche grattugia per il formaggio, stava vicino a un frullatore in bachelite rossa con boccale di vetro spesso. (Quest'ultimo ci ha seguiti nella casa al Forte e lo abbiamo conservato per decenni: la sua rottamazione è stata accompagnata da rammarico affettivo ed estetico.) Il tostapane, in fondo a un ripiano, lo utilizzavamo per preparare i toast della merenda, con prosciutto e formaggio, mentre l'avvento del coltello elettrico consentì di tagliare arrosti e roast-beef in cucina, senza l'intervento di mio padre – che da allora si sarebbe esibito nel taglio della carne soltanto nei giorni di festa. Per il resto si faceva tutto a mano, con utensili semplici, come la frusta doppia – la cosiddetta "bicicletta" – per montare panna e chiare d'uovo, o il passaverdura in alluminio con dischi diversamente forati e pomello di legno rosso per le vellutate o la pasta e fagioli. Tutto era sistemato negli scaffali dei pensili bianchi in fòrmica, fatti su misura: le cucine in serie appartengono a un'epoca successiva.

È strano come questa sequenza di utensili si disponga in silenzio intorno a un personaggio fondamentale, presenza irrinunciabile in cucina, che la memoria mi restituisce proprio in quello spazio. E la rivedo. È Ida. Ha abitato con noi sette anni, eppure alla distanza sembrano molti di più. Era una donna minuta, di poche parole ma di grandi abilità: oltre a cucinare, cuciva, rammendava, lavorava a maglia e stirava. Quando tornava in cucina nel tardo pomeriggio per preparare la cena, spesso mi permetteva di aiutarla – per me era un onore, ma mi piaceva anche solo osservare mentre tagliava veloce le verdure per il minestrone o impastava la carne per le polpette che poi contribuivo a modellare lentamente, ripassandole nel pan grattato finissimo.

La nostra cucina era un luogo di operosità e straordinaria trasformazione. Mi sedevo di fianco al tavolo dal piano d'acciaio, appoggiato al muro. Un posto in prima fila. E Ida faceva del suo lavoro un vero spettacolo. Persino le "patetiche" cipolle, pulite e affettate dalle sue mani esperte, diventavano bellissime. Ma la magia culminava nelle tagliatelle: con gesti sicuri, Ida impastava farina, sale e uova insieme a un filo d'olio, senza bisogno della bilancia. In un attimo creava un impasto liscio e filante. Poi infarinava il matterello di legno – lungo lungo e senza manopole – e tirava la pasta modellandola in un disco perfetto che si dilatava sul tavolo fino a diventare quasi trasparente. Solo allora lo arrotolava e con un coltellaccio affilato lo tagliava a strisce sottili, della stessa larghezza, con movimenti rapidi e regolari. Squisite anche da crude.

Su quel tavolo si preparava tutto, anche il tè del pomeriggio, che animava la cucina vuota nell'intermezzo tra pranzo e cena. Il tè a casa nostra era un rito quotidiano. Se c'erano ospiti si prendeva in salotto, altrimenti in cucina. Mai in sala da pranzo, ed era sempre accompagnato da torte o biscotti fatti in casa. Il magico rito ancora oggi scandisce i miei pomeriggi: viene condiviso da mio figlio quando è a Londra e da mio marito nei giorni di festa; sempre dal nostro cane Leo, un vivace e golosissimo border terrier, così appassionato di dolci che quando cuocio una torta si siede a piangere davanti al forno. Sa bene che solo in occasione del tè riceverà un biscotto "vero" e all'ora giusta lo reclama, lo aspetta e infine lo divora.

La mia piccola cucina a Notting Hill è allietata da un'ampia finestra che si affaccia su un giardinetto pubblico, verdissimo. Tutta in legno chiaro, ha un piano di lavoro in marmo scuro su cui stazionano i miei elettrodomestici: l'imponente *robot da cucina* con le lame di plastica impasta pizze, focacce, pasta brisée e frolla; con quelle di acciaio frulla, trita e sminuzza e con i vari accessori monta, emulsiona, affetta e spreme. Io lo uso per impastare e tritare. Più discreti, il tostapane, il bollitore elettrico, la macchina del caffè e lo spremiagrumi; sistemati in fila nella parte più lunga del piano, tutti in acciaio e plastica nera, lasciano spazio, vicino ai fornelli, a due ampi e alti vasi in vetro nero scanalato che ho trasformato in porta-utensili. Appesi al muro, il *frullatore a immersione* (lo utilizzo – dopo il passaverdure – per le vellutate, che rende perfettamente morbide; per ispessire minestre e salse direttamente in pentola; per preparare in due minuti la maionese o la salsa tonnata) e il frullino elettrico (per montare velocemente panna e albumi).

Le piante aromatiche, e un ciclamino che rifiorisce imperturbato tutto l'anno, si godono la luce della finestra.

Mio marito Marco e io amiamo ricevere e la cucina è attrezzata per questo obiettivo. Abbiamo due forni che possono cuocere in contemporanea abbondanti pizze e focacce – la mia passione –, arrosti e verdure gratinate, torte dolci e salate. Il piccolo freezer a tre cassetti mi obbliga all'essenzialità e mi impedisce accumulo e dimenticanza: il primo cassetto è destinato agli ingredienti singoli non cucinati, il secondo agli avanzi e ai piatti cucinati, il terzo al ghiaccio e ai gelati. Consumo tutto entro due mesi.

La mia dispensa è snella come il freezer, mi consente scorte non grandi ma sufficienti per improvvisare qualche pasto senza fare la spesa. Si snoda tra pensili, scaffali e cesti, dove suddivido gli ingredienti secondo categorie e impiego. Amo l'ordine ma non ho disciplina. Riordinare la dispensa è terapeutico: mi ispira nuovi abbinamenti e ricette.

La cucina non ha porte e comunica con la sala da pranzo – non si sa quale delle due sia estensione dell'altra. Il vecchio tavolo da pranzo, in legno scuro, può accogliere fino a dieci commensali. Tappezzata per metà da libri, la stanza ha un camino che accendiamo nelle sere d'inverno. In un angolo c'è anche un comodo divano viola a due posti con tanto di poggiapiedi, per guardare la televisione o leggere in pace. Le pareti sono giallo zucca, un colore forte e avvolgente che accende il grigiore dell'autunno e il buio dell'inverno.

La mia cucina può anche essere un luogo di solitudine serena e operosa, quando preparo le minestre lunghe, impasto e cuocio le torte la mattina presto, congelo le polpette cotte in abbondanza, inforno i biscotti per un tè con amici. Si tratta di un raccoglimento fertile, l'opposto di quello che accade nelle frenetiche cucine dei ristoranti. D'altro canto può anche affollarsi e trasformarsi in un laboratorio di creatività collettiva: quanti ravioli, tagliatelle, gnocchi e lasagne ho fatto in compagnia di allieve e amiche!

Una volta abbiamo preparato lasagne per duecentocinquanta, il piatto forte per il pranzo di Natale della scuola di mio figlio. Eravamo quasi tutte mamme a tempo pieno in un paese straniero e abbiamo cucinato insieme per cinque giornate di fila, un vero tour de force cadenzato da numerosi incontri, meticolosamente programmati. Tutto era appuntato su un quadernetto nero che consultavamo al mattino: dovevamo alternarci con disciplina per non intralciarci.

Bonnie aveva pianificato la spesa all'ingrosso e i turni delle cuoche volontarie. Io ero sempre presente, ma anche Anja c'era ogni giorno, per trasportare a casa sua le teglie in alluminio e riporle nel grande congelatore in cantina. Sandy, invece, veniva a giorni alterni e si prestava a fare qualsiasi cosa. Jenny si era specializzata nella béchamel, Bonnie nel far cuocere brevemente la pasta, stenderla su un panno e sistemarla nelle teglie insieme ai condimenti, mentre il ragù lo preparavano Susan e Maria. Era un lavoro di squadra che si perfezionava nel tempo. Nelle pause, tra le chiacchiere accompagnate da abbondanti tè e caffè, il nostro legame si approfondiva, arricchito dai racconti delle memorie di casa. Ricordo quelle lasagne natalizie come un trionfo di creatività e complicità femminile che ricalcava abitudini antiche, quando le donne si ritrovavano insieme, spesso in occasione di feste, a cucinare piatti che venivano poi cotti nei forni comuni.

La cucina di Ursula

Un anno di lavori avevano trasformato una tradizionale casa vittoriana, situata nel cuore di Kensington, in un'abitazione ultramoderna, con spazi ampi e muri candidi. Ursula detesta cucinare, ma alla festa di inaugurazione della sua nuova dimora mostrava con orgoglio agli ospiti curiosi la grande cucina superaccessoriata e il tavolo da pranzo in acciaio e vetro opaco, disposto vicino alla finestra. Sembrava la visita guidata in un museo d'arte contemporanea. Il modulo a isola, simile alla centrale operativa di una stazione spaziale, intimidiva anche il cuoco più appassionato con la sua algida maestosità. Non c'era niente in giro, nessuna distrazione – un mestolo, il sale grosso, neppure una confezione di tè, tisana, caffè, o dei biscotti, un vassoio o una zuccheriera, insomma, qualcosa che rimandasse al cibo o alla convivialità creata da una bevanda calda. Neanche il bollitore elettrico era visibile sul piano lucido e intonso in marmo nero: l'acqua per il tè fuoriusciva, magicamente bollente, da un rubinetto sottile vicino al lavello. Chi l'avrebbe mai detto! Un anno dopo, quando fui invitata a cena da Ursula, ritrovai la cucina come l'avevo lasciata: incontaminata, come gli strofinacci inamidati appesi alla parete vicino ai fornelli. E lei era fiera di essere alla moda con la sua cucina-sala da pranzo dove serviva piatti preparati da altri e assemblati nel suo laboratorio gastronomico ideale. Puro status symbol.

MENU SOSTANZIOSO

Minestra d'orzo
Polpettone ripieno di spinaci e piselli
Insalata rossa d'inverno
Torta di mandorle e pistacchi con crema di yogurt
e salsa tiepida di rabarbaro

Minestra d'orzo
(lunga)

L'orzo è un cereale antico come il frumento, ma non così apprezzato e coltivato perché poco adatto alla panificazione. Il più leggero e veloce da cuocere è quello perlato.

In ogni rifugio alpino si trova un'accogliente minestra d'orzo, sempre cucinata con burro e maiale, come vuole appunto la tradizione nordica.

Ingredienti (per 6-8 pp.)

20 g di burro
150 g di pancetta affumicata a pezzetti
1 cipolla grande bionda, pelata, tagliata in quarti e affettata
   sottile
1 carota grande, pelata, spuntata, tagliata a quarti e a pezzetti
1 porro grande, spuntato, eliminata la foglia esterna, lavato e
   tagliato a rondelle sottili, parte verde inclusa
1 costa di sedano, pelata, tagliata a metà e affettata sottile
2 patate grandi a polpa gialla, pelate, tagliate a metà, a fette e
   a dadini

150 g di fagioli cannellini ammollati e cotti
200 g di orzo perlato
2 litri di brodo vegetale bollente
2 foglie d'alloro spezzate
200 g di cavolo verza, tagliato molto sottile
1 generosa manciata di foglie di prezzemolo fresco, sminuz-
    zato sottile
parmigiano per servire
latte o panna per diluire (facoltativo)
sale e pepe

Suggerimento Utilizzare, se è possibile, la pentola di coccio: consente una cottura uniforme a bassa temperatura. Ed
è bellissima da portare in tavola.

1. Sciogliere il burro in una pentola, aggiungere la pancetta e soffriggere per 5 minuti a fuoco medio, mescolando
spesso con un cucchiaio di legno.

Unire la cipolla e soffriggere a fuoco basso per 5 minuti. Aggiungere carota, porro e sedano con un pizzico di sale e rosolare per altri 5 minuti a fuoco dolce. Unire patate e
cannellini mescolando bene, in modo che il burro e la pancetta siano ben distribuiti tra gli ingredienti, e soffriggere
per altri 5 minuti sempre a fuoco basso, mescolando di tanto in tanto.

Incorporare l'orzo e mescolare per 3 minuti, in modo che
si amalgami con tutti gli ingredienti e ne prenda i sapori prima che tutto sia diluito nel brodo.

2. Versare il brodo, aggiungere le foglie di alloro e bollire
a fuoco molto basso per 30 minuti, mescolando di tanto in
tanto. Aggiungere il cavolo verza, riportare a ebollizione e
cuocere per altri 30 minuti sempre a fuoco dolce, con coperchio.

3. Togliere dal fuoco, unire il prezzemolo e lasciare riposare per mezz'ora prima di servire. Diluire con latte o panna, se necessario.

4. Servire calda ma non bollente, con una spolverata di parmigiano.

Polpettone ripieno di spinaci e piselli
(lunga)

È una variante del classico polpettone: carne macinata di vitello ripiena di verdure.

Ingredienti (per 5-6 pp.)

3 fette di pane in cassetta bianco o integrale, spezzettate, crosta inclusa (oppure 100 g di pane raffermo a pezzetti)
100 ml circa di latte per inzuppare il pane
2 cucchiai di foglie di prezzemolo fresco tritate
1 cucchiaio di foglie di timo fresco
600 g di carne trita di vitello
2 uova leggermente sbattute
noce moscata
100 g di piselli, freschi o congelati
250 g di spinaci freschi, con foglie grandi e carnose
120 g di prosciutto cotto a fette sottili
4 cucchiai di parmigiano
100 g di caprino fresco morbido
sale e pepe

1. Mettere il pane in una ciotola e coprirlo con il latte. Lasciarlo in ammollo per 10 minuti, fino a quando diventa morbido.

2. Strizzare il pane con le mani e frullarlo insieme alle er-

be fino a ottenere una crema. Versare in una ciotola capiente, aggiungere la carne trita e mescolare con una forchetta, o ancora meglio con le mani.

3. Sbattere leggermente le uova in una scodella con una forchetta e unirle alla carne. Mescolare fino a ottenere un impasto omogeneo e compatto. Regolare di sale e pepe.

4. Lavare gli spinaci, eliminare i gambi e saltare per qualche minuto senza grassi in una grande pentola antiaderente, fino a quando gli spinaci appassiscono e tutta l'acqua evapora. Regolare di sale. Disporre su un tagliere e tagliare sottile. Mettere in una ciotola capiente.

5. Preriscaldare il forno a 180 °C con ventola.

6. In una pentola con manico, portare a ebollizione un litro d'acqua con un pizzico di sale e cuocere i piselli – 3 minuti quelli congelati, 10 minuti circa quelli freschi. Scolare e aggiungere agli spinaci. Unire 2 cucchiai di parmigiano e una grattata di noce moscata, quindi mescolare con una forchetta. Assaggiare e se necessario regolare di sale e pepe.

7. Coprire un tagliere di media grandezza con carta da forno e adagiarvi l'impasto di carne trita. Con le mani, modellarlo nella forma di un rettangolo. Avrà uno spessore di circa 1 cm. Coprire la carne con il prosciutto, distendervi quindi gli spinaci e i piselli con la forchetta, lasciando libero un bordo di 2 cm. Spolverare con 2 cucchiai di parmigiano e cospargere con pezzetti di caprino fresco.

8. Con l'aiuto della carta da forno, arrotolare la carne su se stessa in modo da formare un rotolo. Sigillare le estremità con le dita, in modo che non fuoriesca il ripieno, e adagiarlo in uno stampo da plum-cake (da 1 litro). Pressare bene con le mani, coprire con carta d'alluminio e infornare per 35 minuti. Eliminare l'alluminio e cuocere scoperto per altri 10 minuti.

9. Sfornare e lasciar raffreddare per almeno mezz'ora nello stampo. Adagiare il polpettone su un tagliere e tagliare a

fette spesse 1 cm. Ricomporre il polpettone tagliato su un piatto di portata. Riscaldare in forno per 5 minuti. Versare il sugo caldo sulla carne.

10. Servire tiepido.

Suggerimenti Il polpettone ripieno si può cucinare anche al mattino e lasciare nello stampo fino alla sera.

Bisogna tagliarlo da freddo, così non si spezzetta, e servirlo in un piatto che possa andare in forno, per poterlo riscaldare prima di portarlo in tavola.

Insalata rossa d'inverno
(breve)

Suggerimenti Scegliere il radicchio rosso di Verona, più dolce di quello di Chioggia, e le barbabietole cotte al forno, più saporite di quelle cotte al vapore.

Per preparare la vinaigrette, si può usare un piccolo barattolo di vetro (capienza fino a 250 ml) con coperchio. Il vantaggio è duplice: consente di emulsionare facilmente i condimenti tra loro e di preparare la salsa in anticipo.

Per condire un'insalata per 4, emulsionare: un cucchiaino raso di fior di sale, un cucchiaio circa di succo filtrato di limone o di aceto balsamico – diversi sono i gradi di acidità e d'intensità di sapori –, tre cucchiai d'olio extravergine e un cucchiaino di senape in grani. È bene assaggiare per creare il gusto preferito.

Mettere nel barattolo il sale e l'aceto o il succo del limone, chiudere il coperchio e agitare energicamente finché il sale si scioglie. Aggiungere quindi l'olio e un cucchiaino di senape in grani. Chiudere e agitare di nuovo finché la senape si sarà sciolta nel condimento. Versare sulle verdure al momento di servire e mescolare a lungo.

Ingredienti (per 4-5 pp.)

100 g di barbabietole cotte al forno con buccia (oppure 70 g
    di barbabietole al vapore già sbucciate)
250 g di radicchio rosso di Verona
100 g di cavolo cappuccio rosso-viola
1 cucchiaino di fior di sale
1 cucchiaio di aceto balsamico (o di succo di limone filtrato)
3 cucchiai d'olio
1 cucchiaino di senape in grani

1. Sbucciare le barbabietole cotte al forno, tagliarle prima a fette piuttosto sottili e poi a listarelle, quindi metterle in un'insalatiera.

2. Eliminare, se necessario, le foglie esterne del radicchio rosso, tagliare in quarti, rimuovere il torsolo, lavare e asciugare nella centrifuga. Con un coltello grande, tagliare sottile in verticale e unire alla barbabietola.

3. Eliminare le foglie esterne del cavolo rosso. Tagliare in quarti, rimuovere il torsolo, lavare e asciugare nella centrifuga. Utilizzarne 100 g. Con un coltello grande in acciaio, tagliare molto sottile in verticale e aggiungere alle verdure.

4. Condire le verdure con la vinaigrette e mescolare a lungo con posate di legno.

*Torta di mandorle e pistacchi con crema di yogurt
e salsa tiepida di rabarbaro*
(lunga)

Morbida grazie a mandorle e pistacchi tritati, è una torta da fine pasto serale, accompagnata dalla crema di yogurt e dalla salsa tiepida di rabarbaro; ma se avanza è squisita anche il mattino seguente insieme al caffè o al tè.

Suggerimenti Per tritare mandorle e pistacchi finissimi nel robot da cucina, usare la vaschetta piccola – dove la lama lavora meglio e uniformemente gli ingredienti – e aggiungere un cucchiaio di zucchero semolato, che aiuta a tritare più fine.

È fondamentale grattare la scorza degli agrumi prima di spremere il frutto, avendo sempre l'avvertenza di escludere la parte bianca.

Per preparare i pistacchi da unire allo yogurt, pestarli nel mortaio o frullarli leggermente nel robot da cucina.

Ingredienti (per 8 pp.)

Per la torta
150 g di burro a temperatura ambiente
150 g di zucchero semolato
2 uova
90 g di mandorle senza buccia, tritate finissime nel frullatore, oppure farina di mandorle già pronta
60 g di pistacchi sgusciati e tritati finissimi nel frullatore
1 bustina di lievito per dolci
60 g di farina bianca
1 cucchiaino di estratto di vaniglia (o una bustina di vanillina)
la scorza di 1 arancia non trattata e il succo di mezzo frutto

Per la crema di yogurt
150 g di yogurt greco
1 cucchiaio abbondante di miele liquido, tipo quello di acacia
la scorza grattugiata di 1 arancia non trattata
1 cucchiaio di pistacchi sgusciati

Per la salsa di rabarbaro
4 gambi di rabarbaro tagliati a pezzetti
la scorza e il succo di 1 limone non trattato

1 cucchiaio di zenzero fresco grattugiato
1 baccello di vaniglia, tagliato verticalmente
2-3 cucchiai di zucchero (la metà del peso del rabarbaro)

1. In una ciotola capiente e abbastanza profonda, in modo da non schizzare dappertutto, mescolare il burro con lo zucchero con il frullino elettrico per 5 minuti, fino a ottenere una crema omogenea. Incorporare un uovo alla volta: aggiungere il primo e sbattere per 2-3 minuti; unire metà delle mandorle e dei pistacchi tritati e continuare a sbattere. Incorporare l'altro uovo e seguitare ad amalgamare gli ingredienti con il frullino, aggiungendo gradualmente il resto delle mandorle e dei pistacchi tritati, la farina, il lievito, l'estratto di vaniglia e il succo dell'arancia. Incorporare la scorza dell'arancia con una spatola.

2. Preriscaldare il forno a 180 °C con ventola.

3. Con una noce di burro, ungere uno stampo da plumcake (1 kg) e spolverarlo di farina. Riempirlo con il composto e infornare per 35-40 minuti. Quindi, pungere la torta con uno stuzzicadenti: se esce asciutto è cotta, altrimenti infornarla di nuovo per altri 5 minuti (non tutti i forni cuociono nello stesso modo).

4. Toglierla dal forno e lasciarla raffreddare per 15 minuti prima di sformarla e adagiarla su un piatto di portata.

Mentre la torta cuoce, preparare la crema allo yogurt e la salsa di rabarbaro.

Crema di yogurt

1. Mescolare lo yogurt insieme al miele e alla scorza di arancia in una bella ciotola colorata – per far risaltare il bianco dello yogurt – da portare in tavola.

2. Tritare i pistacchi e spargerli sulla superficie dello yogurt.

Salsa di rabarbaro

1. Sistemare il rabarbaro sul fondo di una pentola con manico e cospargerlo con il baccello di vaniglia, lo zenzero, la scorza del limone e lo zucchero. Mescolare.

2. Cuocere a fuoco molto basso per 40 minuti, coperto, mescolando con un cucchiaio di legno. Controllare di tanto in tanto e, nel caso si asciugasse troppo, aggiungere acqua bollente.

3. Frullare con il frullatore a immersione. Prima di servire lasciare raffreddare, coperto, per almeno un'ora.

2.

Che cosa cucinare?

Nondimeno, il gusto, così come la natura ce l'ha concesso, è ancora quello fra i nostri sensi che, tutto ben considerato, ci procura il maggior numero di godimenti:

1. Perché il piacere di mangiare è il solo che, preso con moderazione, non è seguito da stanchezza;
2. Perché è di ogni tempo, di ogni età e di ogni condizione;
3. Perché torna di necessità almeno una volta al giorno e in un giorno può essere ripetuto, senza danno, due o tre volte;
4. Perché può mescolarsi a tutti gli altri piaceri e anche consolarci della loro mancanza;
5. Perché le impressioni che esso riceve sono a un tempo più durevoli e più dipendenti dalla nostra volontà;
6. Infine perché mangiando proviamo un certo benessere indefinibile e particolare che ci deriva dall'istintiva coscienza che mangiando compensiamo le nostre perdite e prolunghiamo la vita.

JEAN-ANTHELME BRILLAT-SAVARIN, *Fisiologia del gusto o Meditazioni di gastronomia trascendente*, Meditazione II, pp. 52-53.

La spesa ieri e oggi

Il tempo è volatile per definizione. Cambia e noi cambiamo con lui. Resta tuttavia la memoria, che a volte modifica, a volte cancella, a volte – allentando le distanze – attenua. Anche le abitudini quotidiane passano al vaglio di questo filtro potente, e la spesa non fa eccezione.

Fino alla fine degli anni cinquanta, quando apparvero in Italia i primi supermercati su imitazione di quelli americani, la spesa si faceva esclusivamente in negozio o al mercato, dove il rapporto tra venditore e cliente era personale e basato sulla fiducia. Mi piaceva accompagnare mia madre da Oldani, il salumiere davanti a casa che aveva sempre la matita dietro l'orecchio e la giacca bianca immacolata come il grembiule. Spesso, mentre mia madre pagava il conto alla moglie seduta alla cassa, il signor Oldani mi allungava un pezzetto di formaggio o una fetta sottile di prosciutto crudo dolcissimo. Ci voleva tempo per fare la spesa: si trattava in fondo di un "giro di visite". Si andava dal panettiere, dall'ortolano, dal salumiere, dal droghiere, dal macellaio, dal pescivendolo. I clienti fedeli, è vero, potevano anche ordinare per telefono: il negoziante lasciava un credito aperto – compilato ogni giorno a mano su un quaderno, spesso a quadretti con copertina nera, e liquidato a fine mese –, senza interessi, come una rudimentale carta di credito.

Oggi i negozietti sono rari. Nelle grandi città come in provincia. I supermercati offrono una notevole varietà di prodotti a buon prezzo e la libertà di acquistare fino a tardi.

Internet è l'ultima rivoluzione: consente di fare la spesa a tutte le ore del giorno e della notte, senza muoversi da casa, con computer e carta di credito. Nella calma silenziosa del supermercato virtuale si scelgono gli ingredienti e si mettono nel carrello, si sostituiscono o si cancellano se si cambia idea, per poi procedere all'acquisto finale con un semplice clic. La spesa si materializza a casa all'ora stabilita, senza il tormento del parcheggio, del carrello, delle code alle casse, dei bambini che piangono. E col piacere, comunque, di compilare una lista ordinata e di spuntarla. Io non ho mai fatto la spesa con Internet, preferisco farla "dal vivo": mi piace troppo toccare, vedere, scegliere. Ma per alcuni prodotti di base, a volte pesanti e sempre gli stessi – acqua minerale, detersivi, cibo per il cane, pasta, farina, legumi e cereali –, Internet è risolutivo: fa risparmiare tempo e fatica.

Il piacere della spesa

Il venerdì mattina esco presto con il mio carrello viola e mi concedo del tempo per fare la spesa al mercato di Portobello, dietro casa. Sono fortunata. Il mio mercato è ricco, vivace, coloratissimo. Chi ha visto il film *Notting Hill* se lo ricorda bene. Da anni compro la verdura alla stessa bancarella, gestita da una simpatica famiglia dell'East End. La figlia, occhi turchesi come la madre, ama dare consigli. È lei che mi ha insegnato a preparare la salsa di rabarbaro, a scegliere le patate giuste – le King Edward – da cucinare arrosto, a sperimentare la dolcezza del cavolo bianco a punta, tagliato sottile e condito con olio e limone. Il sabato faccio un giro nel mercato rionale a Notting Hill Gate, allestito in un desolante posteggio. Là sono i coltivatori a vendere i loro prodotti: pochi, ma locali e di stagione. È un pezzetto di autentica campagna che si trasferisce in città, il latte e le uova sono venduti sfusi e il burro è giallo nelle confezioni trasparenti.

Il miglior mercato alimentare londinese è il Borough Market, che da dieci anni prospera attorno al London Bridge, sul versante sud del Tamigi, dirimpetto alla City e non lontano dalla Tate Modern. C'è di tutto: pomodori rossi, gialli e neri, melanzane lunghe e tonde, bianche e screziate e persino la barba del frate o le puntarelle. In autunno, infinite varietà di funghi e una opulenta bancarella di cacciagione. Ci sono poi tre banchi di pesce, di cui uno grande e fornitissimo, e una bancarella che vende carne e uova di struzzo. Immancabili, come il prezzemolo, i venditori italiani, che con abilità hanno allestito bancarelle di prodotti tipici e di nicchia come olio d'oliva biologico, olive di ogni foggia e qualità e salumi o formaggi che fanno a gara con gli agguerriti concorrenti francesi o inglesi. Una varietà e un'abbondanza degne di un paese del Mediterraneo. Una volta, mi è capitato di vedere un distinto signore in cappotto nero e guanti neri ritirare dei sacchi e caricarli su una Rolls-Royce con lo stemma reale sul tettuccio: un'auto della regina, o della sua cerchia famigliare.

Al mercato si impara: le marmellate di fragole e rabarbaro profumate con qualche petalo di rosa o foglie di menta le ho orecchiate a Portobello; gli involtini di melanzane ripieni di zucchine, ricotta e menta me li ha suggeriti una loquace casalinga siciliana mentre ero in coda in una bancarella del mercato di via Tabacchi, a Milano.

Non è sempre vero che fare la spesa una volta alla settimana è un risparmio di denaro e di tempo. Si compra troppo, si sacrifica la freschezza degli ingredienti, spesso si spreca e si buttano via quantità indecenti di cibi inutilizzati. Nel mondo occidentale si getta nella pattumiera almeno un quarto del cibo comprato o cucinato: un vero scandalo.

Basta poco per cambiare prospettiva: a partire dalla razionalizzazione della spesa e dai menu che ne conseguono. La pasta va bene sempre ed è facile diversificarla, preparando abbondanti ragù quando si ha tempo, improvvisando sughi al tonno, capperi e prezzemolo o alle verdure, che cuociono insieme alla pasta. Le solite "fettine" ai ferri o al burro stancano presto; perché non sostituirle con scaloppine alla pizzaiola o piccatine al limone e prezzemolo? Sono diverse ma altrettanto veloci e gustose, da alternare al pesce – merluzzo al forno con pomodori secchi, origano, capperi e olive o tranci di spada con acciughe, capperi e prezzemolo abbondante – e alle frittate di verdura, in padella o al forno.

I prodotti di stagione

Verdura e frutta fresche sono una grande fonte di ispirazione gastronomica. Quando si fa la spesa, l'ideale è lasciarsi guidare dai prodotti stessi e non solo da quanto abbiamo programmato a casa e scritto sulla lista. Se un giorno d'inverno vediamo e tastiamo dei finocchi bianchissimi e sodi, mentre le zucchine per la pasta che avevamo in mente sono troppo grosse e un po' molli, perché non cambiare menu? Si può pensare sempre a una pasta, ma con un sugo di finocchi e pomodoro, oppure a del pesce al forno con un contorno di finocchi passati al burro e pan grattato.

Per controllare la freschezza di frutta e verdura ci vogliono tutti i sensi, la vista da sola non basta. Pomodori, melanzane, peperoni e zucchine non devono essere solo belli, ma anche sodi. Le foglie di cavolo, finocchio e verza devono essere turgide. I meloni sono maturi quando profumano, l'ananas quando se ne staccano facilmente le foglie, l'avocado o il mango quando sono morbidi al tatto, ma non troppo. È pericoloso fidarsi delle pesche spettacolari ma troppo dure e senza profumo: possono essere state congelate. È meglio mangiare le pere in stagione – da settembre a febbraio – per non rischiare di trovare la polpa scura. Le ciliegie spesso illudono – è bene assaggiarle –, mentre le albicocche non devono essere gigantesche, solo profumate.

Siamo abituati a mangiare pomodori, peperoni, melanzane, fagiolini, fragole e uva tutto l'anno, a trovare gli asparagi d'inverno, le ciliegie a Natale e gli agrumi d'estate. La perdita di stagionalità è un processo inarrestabile, che può tuttavia essere corretto dal consumatore attento, curioso e creativo: in inverno, con zucca, cavoli, castagne o legumi si possono creare zuppe, paste e risotti infiniti e variopinti, o contorni appetitosi di carni stufate.

Il cuoco moderno

Oggi uomini e donne si alternano ai fornelli – per passione, per dovere o per entrambi i motivi –, ma soffrono tutti di mancanza di tempo. La cucina arriva buona ultima. E tuttavia, se non ci si lascia travolgere dalla fretta, l'ingresso in una cucina ben attrezzata può riservare sorprese anche ai workaholic. Mio marito, ad esempio, ai fornelli trova la pace dopo la giornata lavorativa. Cucina bene, con accuratezza e originalità, ma non è organizzato nella pulizia di pentole e utensili, che sparpaglia su ripiani e lavello. In cucina abbiamo un accordo perfetto: o ci sto io, o ci sta lui, senza interferenze.

Nelle tipologie dei cuochi moderni rientrano uomini e donne, senza distinzioni: c'è *il cuoco del fine settimana*, che ama cucinare e fare la spesa ma può dedicarsi alla sua passione solo, per l'appunto, nel weekend, quando prepara manicaretti per la famiglia e per gli amici, congela pasti completi, sperimenta nuove ricette, acquista riviste e libri di cucina. C'è *il cuoco di tutti i giorni*, veloce e organizzato: prepara quotidianamente piatti semplici ed è abile nel creare abbinamenti nuovi con ingredienti comuni; non si lascia mai tentare dai cibi confezionati perché gli piace cucinare. C'è anche *il cuoco pigro*, che cucina bene quando ne ha voglia, altrimenti fa la spesa sempre nei soliti negozi e prepara sempre i soliti piatti, che alterna o abbina a qualcosa di pronto. È diverso dal *cuoco accomodante*, che sta in cucina per dovere e spesso e volentieri ricorre al cibo confezionato. C'è poi *il cuoco onnipotente*, che fa tutto da zero, anche il pane; cucina sempre e solo lui, e impiega molto del suo tempo nella ricerca degli ingredienti migliori; se può, coltiva un orto personale. C'è infine *il cuoco ossessivo*, che cura la propria alimentazione in maniera maniacale: ritiene che il benessere e la salute dipendano esclusivamente dal cibo e quindi è inflessibile nella scelta degli ingredienti. Di rado mangia fuori casa.

Svegliarsi al mattino con un piatto già pronto è rassicurante. I pomodorini freschi al forno con aglio e origano si possono preparare anche di notte, senza bisogno di "accudirli". È semplice: prima di andare a letto, si riscalda il forno alla massima temperatura. Nel frattempo, si tagliano a metà circa tre etti di pomodorini maturi, si dispongono su una teglia ricoperta da carta da forno e si cospargono con sale grosso, origano secco, due spicchi d'aglio tagliati a pezzetti e un filo d'olio. Quando il forno è caldissimo, si infornano i pomodorini e si cuociono per tre minuti esatti (per essere precisi e non rischiare di dimenticarsene conviene impostare il timer). Dopodiché si spegne e si lasciano raffreddare nel forno fino al giorno dopo. Con un solo rimpianto: il loro profumo dolce si perde nella lunga notte. Al mattino, si ripongono i pomodorini e il loro sugo in un contenitore di vetro e si conservano in frigo per qualche giorno. Si possono aggiungere all'insalata o alla mozzarella, ma sono anche un condimento per la pasta, il riso, il farro o il grano – con una spolverata finale di parmigiano.

La cucina può anche animarsi, di notte. Marta, collega milanese di lettere, era – e forse è ancora – una cuoca nottambula: cucinava con estro e passione mentre la famiglia dormiva. Sgusciava fuori dal letto appena il marito si addormentava, si infilava la vestaglia e si piazzava in cucina, nella calma densa della notte. Aveva bisogno di poco sonno e il tempo gastronomico notturno, esclusivamente per lei, le regalava una pace rigenerante che al mattino si leggeva ancora nel suo sguardo sereno. Mentre cucinava ascoltava la radio e preparava perlopiù piatti salati: minestre, salsa di pomodoro, polpette, verdure ripiene o saltate in padella, sformati, ma anche paste al forno e gnocchi alla romana.

È come la vedessi ancora. La musica a basso volume. L'atmosfera calda della cucina operosa. I profumi che si levano insinuanti dalle pentole. I gesti leggeri che compongono nuovi sapori. L'alba che arriva e i cibi ancora tiepidi che riposano.

Il soffritto dell'avvocato

La notte prima dell'udienza finale di un processo, sono pochi gli avvocati di diritto di famiglia che vanno a letto di buon'ora. Non soltanto ci sono nuove prove e perizie depositate all'ultimo momento da analizzare, comparare, memorizzare e poi digerire, tattiche da rivedere e dottrina da rileggere, ma i clienti non mancano di offrire il proprio melodramma: all'ultimo momento la moglie ha una crisi di nervi e vuole cambiare la richiesta di alimenti, il marito tira fuori la prova di adulterio, i figli contesi si schierano e accusano un genitore o il suo compagno, la scuola interviene a favore di uno dei due genitori; per non parlare dei veri colpi di scena – violenze, malori, sottrazioni di minore, tentativi di suicidio.

Un tempo cercavo di reggere queste lunghe notti a forza di caffè, senza peraltro alcun successo: seduta al tavolo di cucina, continuavo testardamente a lavorare, sentendomi crollare dal sonno – la caffeina dopo un po' non mi fa più effetto – e con la bocca amara. Poi scoprii i soffritti, quasi per caso. Una notte lavoravo in cucina, la tazza di caffè tiepido accanto. Uno dei miei giovani ospiti rientrò dalla discoteca con un hot-dog comprato al negozio da asporto degli indiani, che non chiude mai e me ne offrì metà: era ancora caldo. Il ripieno di cipolle fritte mi sembrò divino. Anziché rifarmi la caffettiera, affettai delle cipolle, sbucciai una testa d'aglio e li misi a rosolare lentamente nella padella con un filo d'olio. A ogni mescolata aggiungevo una spezia, una foglia di alloro, erbe diverse. L'aroma cambiava – forte, pungente, eccitante, suadente, confortevole, aromatico, rilassante, dolce, soporifero – secondo lo stadio di cottura, gli odori e le spezie che continuavo ad aggiungere man mano che completavo la preparazione della causa.

Da allora, il soffritto di cipolle mi fa compagnia alla vigilia di un'udienza. Sono diventata brava, e riesco a dosare la cottura e il lavoro in modo che il sonno mi cala quando le cipolle sono cotte e io ho finito di studiare. Raccolgo i fascicoli e spengo il fornello, lasciandovi sopra la padella: la mattina, dopo poche ore, le cipolle si saranno quasi sciolte nel soffritto ormai freddo e pronto per essere congelato in porzioni che formeranno la base di piatti squisiti.

MENU VEGETARIANO

Testaroli al pesto
Frittata soffice al forno con zucchine e piselli
Insalata verde con un tocco di rosso
Torta di pesche e amaretti

Testaroli al pesto
(lunga)

I testaroli sono forse la più antica delle paste asciutte co-nosciute in Italia ed erano già diffusi in epoca romana. Com-posti di farina, acqua e sale, sono una specialità della Luni-giana. Il nome deriva da "testo", lo strumento in terracotta, e più recentemente in ghisa, con cui si modellavano. Sul te-sto rovente si cuoceva la pastella – come fosse una crespella un po' spessa –, quindi si tagliava a rombi e si cucinava in ac-qua bollente per due minuti. Poi si condiva e si serviva. I più rinomati oggi sono i testaroli al pesto.

Ingredienti (per 4 pp.)

Per i testaroli
250 g di farina bianca (oppure metà bianca e metà integrale)
400 ml di acqua fredda
2 cucchiai d'olio
un pizzico di sale

Per il pesto
2 spicchi d'aglio, pelati
2 cucchiai di pinoli
50 g di foglie di basilico fresco
5 cucchiai d'olio
3 cucchiai di parmigiano grattugiato, più qualche cucchiaio
    per servire
2 cucchiai di pecorino romano grattugiato
un pizzico di sale grosso

Suggerimento Per un pesto in sintonia con un ingrediente antico come i testaroli, sarebbe più appropriato utilizzare il mortaio invece del più veloce frullatore.

Testaroli
1. Versare la farina e il sale in una ciotola capiente e unire a poco a poco l'acqua, mescolando energicamente con una frusta.

2. Ottenuta una pastella liscia, della consistenza di una crema – simile alla pastella per le crespelle –, incorporare l'olio e lasciar riposare per 20 minuti a temperatura ambiente: gli ingredienti si amalgamano tra loro trovando una nuova densità.

3. Ungere con poco olio una piccola padella antiaderente, riscaldare e, quando è rovente, coprire il fondo con la pastella in modo da ottenere un testarolo di 2-3 mm di spessore. Cuocere per 1-2 minuti, fino a quando la pastella si asciuga sulla superficie formando delle bollicine. Con l'aiuto di una spatola di legno, girare il testarolo e cuocere per un minuto dall'altro lato. Trasferire su un piatto. Ripetere l'operazione fino all'esaurimento della pastella.

4. Impilare 3 testaroli alla volta su un tagliere e tagliarli a strisce larghe 4 cm e poi a rombi o a triangoli, la forma pre-

ferita. Disporli su uno strofinaccio, in modo da evitare che si sovrappongano e si attacchino.

Pesto

1. Riscaldare una piccola padella antiaderente, senza aggiunta di grassi, e saltare i pinoli finché si imbiondiscono. Mescolare spesso con un cucchiaio di legno, in modo che cuociano uniformemente. Appena pronti, metterli in una ciotola a raffreddare. Non lasciarli nella padella, anche se lontano dal fuoco: continuerebbero a cuocere, rischiando di bruciare.

2. Con il pestello, schiacciare l'aglio e i pinoli contro le pareti del mortaio finché diventano una crema. Aggiungere poco alla volta le foglie di basilico con un pizzico di sale grosso. Ruotare il pestello sui bordi del mortaio per stracciare le foglie ed estrarne gli oli essenziali. Lavorare con ritmo fino a ottenere una salsa liscia e omogenea. Unire i formaggi e versare l'olio a filo, mescolando con un cucchiaio di legno.

In una pentola, portare a ebollizione 3 litri d'acqua, salare, immergere i testaroli e cuocere per 1-2 minuti, fino a quando vengono in superficie. Aggiungere al pesto 50 ml dell'acqua di cottura e mescolare bene.

Con un mestolo forato, scolare i testaroli, pochi alla volta, e adagiarli su un grande piatto di portata in modo che non si sovrappongano troppo. Condire delicatamente con il pesto e servire subito con parmigiano.

Frittata soffice al forno con zucchine e piselli
(lunga)

Suggerimento La carta da forno, bagnata sotto l'acqua del rubinetto e poi strizzata, si modella più facilmente e aderisce meglio alla teglia.

Ingredienti (per 4-5 pp.)

1 noce di burro
1 cipolla bionda grande, pelata, tagliata in quarti e affettata
  sottile
100 g di zucchine, lavate, spuntate e grattugiate nella grattugia a fori grandi
100 g di piselli congelati
6 uova (2 intere e 4 tuorli)
150 g di ricotta
50 g di parmigiano grattugiato
100 g di Emmental grattugiato
5-6 foglie di menta fresca sminuzzata
sale e pepe

1. In una pentola con manico, portare a ebollizione un litro d'acqua con un pizzico di sale, aggiungere i piselli e bollire per 3 minuti senza coperchio. Scolare.

2. Riscaldare il burro in una grande padella antiaderente
e soffriggere la cipolla per 10 minuti a fuoco molto dolce, con
un pizzico di sale, coperta.

3. Aggiungere le zucchine e saltare a fuoco medio per 5-7
minuti mescolando spesso con un cucchiaio di legno, fino a
quando perdono tutta l'acqua e iniziano a imbiondirsi. Incorporare i piselli, mescolare, cuocere ancora un minuto e
spegnere. Regolare di sale e pepe e unire la menta.

4. Preriscaldare il forno a 180 °C con ventola.

5. In una ciotola, sbattere leggermente 2 uova intere e
4 tuorli, tenendo da parte gli albumi. Unire la ricotta, il parmigiano e l'Emmental e mescolare. Regolare di sale e pepe. Incorporare le verdure delicatamente con un cucchiaio di legno.

6. Con un frullino elettrico, montare i 4 albumi a neve e
con una spatola incorporarli dolcemente alle uova con movimenti circolari, in modo da non schiacciare l'aria.

7. Rivestire con carta da forno uno stampo rotondo (22 cm di diametro) con bordi alti (7 cm) e riempirlo con il composto di uova.

8. Infornare per 30-40 minuti, fino a quando si imbiondisce in superficie e si stacca dai bordi. Sfornare.

9. Lasciar riposare 10 minuti prima di servire.

Insalata verde con un tocco di rosso
(breve)

Ingredienti (per 4 pp.)

300 g di songino da mondare (oppure 200 g mondato)
1 mazzetto di rucola (100 g circa)
i semi freschi di mezza melagrana
1 cucchiaino di fior di sale
1 cucchiaino di aceto di vino rosso
1 cucchiaino di aceto balsamico
3 cucchiai d'olio
½ cucchiaino di senape in grani

1. Mondare il songino, se necessario, e la rucola e lavarli accuratamente. Asciugarli nella centrifuga e metterli in un'insalatiera.

2. Tagliare la melagrana a metà in orizzontale, come fosse un'arancia, rovesciarla su una ciotola e picchiettare la buccia con un cucchiaio per far uscire i semi. Aggiungerli all'insalata.

3. Preparare la vinaigrette (vedi p. 161) in un barattolo di vetro.

4. Condire solo al momento di servire per evitare che appassisca.

Torta di pesche e amaretti
(lunga)

È un dolce d'estate. Le pesche noci (nettarine) gialle sono perfette: si pelano facilmente e hanno un bel colore. Se si acquistano ancora dure, basta lasciarle maturare qualche giorno in cucina a temperatura ambiente: la torta sarà più morbida e dolce.

Ingredienti (per 8 pp.)

1 kg di pesche noci gialle
150 ml di vino bianco secco e corposo, tipo Chardonnay
4 uova, separate
100 g di farina bianca
160 g di zucchero semolato
1 bustina di lievito per dolci
200 g di amaretti secchi, sbriciolati con le mani
una noce di burro

1. Pelare le pesche con un coltellino ben affilato, tagliarle a metà, eliminare il nocciolo e tagliarle in verticale a fette di 1 cm.
2. Metterle in una ciotola, coprirle con il vino e lasciare marinare per almeno mezz'ora. Scolare e conservare la marinatura.
3. Preriscaldare il forno a 180 °C con ventola.
4. Separare i tuorli dagli albumi. Con il frullino elettrico, montare gli albumi a neve e metterli da parte.
5. In una ciotola capiente, sempre con lo stesso frullino, e senza lavarlo, sbattere i tuorli con lo zucchero per 5 minuti, fino a quando si trasformano in una spuma giallo pallido. Incorporare farina e lievito e continuare, dopo aver aggiunto la marinatura, a sbattere energicamente.

6. Con una spatola, incorporare le pesche e gli amaretti. Infine, unire delicatamente gli albumi con movimenti circolari, dal basso verso l'alto, in modo da non schiacciare l'aria.

7. Rivestire con carta da forno una tortiera (26 cm di diametro) con fondo mobile e bordi alti (5 cm) e ungerla con una noce di burro. Riempirla con l'impasto e infornare per 40-45 minuti, finché la superficie diventa dorata.

8. Sfornare e lasciar raffreddare per 15-20 minuti prima di servire.

Suggerimento Ottima da sola, questa torta si accompagna bene anche con gelato di vaniglia.

3.

Minestra: moltiplicatore di esistenze

Mentre tornavamo in salotto, suonarono le due: "Accidenti!" disse il dottore, "è l'ora di desinare e mia sorella Giannina ci aspetta. Bisogna andare subito da lei. Non ho gran voglia di mangiare, veramente, ma ho bisogno della mia minestra. È una vecchia abitudine così inveterata che quando passo una giornata senza mangiare la minestra dico come Tito: *Diem perdidi*".

JEAN-ANTHELME BRILLAT-SAVARIN, *Fisiologia del gusto o Meditazioni di gastronomia trascendente*, Meditazione XIV, p. 160.

"Ho bisogno della mia minestra," dice il dottor Dubois nel racconto che ne fa Brillat-Savarin. Ne ha bisogno anche in assenza di appetito. È una notazione importante. È qui che avvertiamo più forte il confine tra gusto e benessere. Il dottor Dubois esprime un bisogno e dentro quel bisogno passa la fedeltà a un'abitudine, la consolazione di un piatto che ristora il corpo senza appesantirlo e, nel contempo, ristora anche lo spirito. È perciò che torno volentieri indietro nel tempo, alle minestre di casa Lazzati.

Non c'era sera che non ci fosse la minestra, in casa nostra a Milano. La zuppiera di porcellana bianca, uguale al servizio di piatti, dominava solenne sul vassoio girevole in mezzo al grande tavolo tondo, protagonista indiscusso della nostra sala da pranzo. Le seggiole antiche, il grande specchio dalla cornice dorata appoggiato sopra al camino, il lampadario di vetro colorato, tutto scompariva di fronte alla maestosità del tavolo.

Il vassoio girevole era stato introdotto da mia madre per semplificare la regia dei nostri pasti. Oltre alle portate che si susseguivano, sul vassoio stazionavano la brocca dell'acqua e la bottiglia del vino, sale, pepe, oliera e formaggio grattugiato. Lo giravamo piano, come una giostra al rallentatore, e lo fermavamo dolcemente perché niente cadesse.

La tavola rotonda elimina le gerarchie perché non ha un capotavola. Re Artù e i suoi cavalieri lo sapevano bene. Eppure da noi esisteva una gerarchia che dettava le regole di precedenza in una famiglia di otto persone. Di solito era mia madre a cominciare e, soprattutto di sera, serviva anche le mie sorelle più piccole, Marina e Angela, per accertarsi che avessero abbastanza minestra nel piatto: a loro non piaceva e l'avrebbero saltata volentieri – opzione impensabile in casa nostra –, dunque ne volevano poca, solo un mestolo, e poco brodosa. Venivano accontentate. A volte cominciava mio padre, ma poi si proseguiva in senso orario, più pratico e veloce.

La zuppiera – bombata, manici tondeggianti e coperchio ovale con un peperone per pomello – manteneva la minestra ben calda, regalandoci il tempo per sederci e servirci con calma. Era diventato un gioco indovinare che minestra ci fosse nella zuppiera. L'unico indizio era il filo di fumo profumato che saliva dalla fessura del coperchio da cui usciva il mestolo. La minestra di riso e zucca aveva un aroma dolce e definito, facile da identificare. Quella di riso, patate e porri si distingueva a fatica da quella di riso col prezzemolo o con le erbette.

Il riso è l'ingrediente predominante nelle minestre lombarde, che mia madre aveva imparato a cucinare con maestria. Cuoca intuitiva e osservatrice attenta e curiosa, non ha mai seguito una ricetta scritta. Cucinava per dovere, perché aveva sei figli e un marito esigente da mettere a tavola due volte al giorno, ma anche con piacere – la garanzia della riuscita dei suoi piatti migliori.

Il piacere della cucina finiva con il sovrapporsi alla convivialità che i suoi piatti dovevano ispirare. Generosa padrona di casa non si lasciava mai sorprendere dall'ospite dell'ultimo momento. Le minestre erano la sua passione perché corrispondevano più di qualsiasi altro piatto alla sua natura di cuoca fantasiosa e anarchica. La minestra, infatti, è un piatto flessibile: ha poche regole, si prova e si cambia, si inventa all'infinito, si può correggere quasi sempre; ottima anche in grandi quantità, squisita anche il giorno dopo. In tavola arrivavano anche le zuppe toscane di legumi: per renderle più digeribili mia madre le passava almeno in parte in quel meraviglioso utensile, ancora oggi in uso, che è il passaverdura d'alluminio. Pasta e fagioli, zuppe di cavolo nero e cannellini o di lenticchie e spinaci si alternavano alle minestre con il riso, in una varietà di consistenze e sapori che solo una sapiente multiregionalità domestica poteva creare.

Erano sempre affollate, le cene della mia infanzia. Intorno alla nostra tavola c'era posto per tutti, e la minestra bastava sempre anche perché mia madre allungava sapientemente il brodo in cucina aggiungendovi qualche avanzo di carne che la rendeva persino originale. Il parmigiano, cosparso in abbondanza anche sulle zuppe di legumi, lasciava tracce ostinate appiccicate al cucchiaio.

Mia madre portava in tavola la minestra bollente: e la minestra aspettava paziente i ritardatari. Quando, da una certa sera in poi, la zuppiera cominciò ad arrivare in tavola senza il coperchio le minestre divennero meno ostili, e l'attacco delle nostre cene fu più rilassato. Nessuno di noi osò commentare o chiedere a mia madre il perché di quel cambiamento provvidenziale. È solo ora, a distanza di anni, che quell'assenza suona quasi dolorosa, come se avessimo rinunciato a un rituale e alla bellezza di quel rituale.

"Ministrare"

Minestra deriva dal latino *ministrare*, ovvero "servire, porgere", perché veniva distribuita ai commensali da un domestico o da un membro autorevole della famiglia. Forse la somministrazione più suggestiva della letteratura italiana è quella del principe di Salina: "Quando egli entrò in sala da pranzo tutti erano già riuniti... davanti al suo posto, fiancheggiati da una colonna di piatti, si slargavano i fianchi argentei dell'enorme zuppiera col coperchio sormontato dal Gattopardo danzante... il Principe scodellava lui stesso la minestra, fatica grata, simbolo delle mansioni altrici del *pater familias*... nei piatti superstiti delle stragi compiute dagli sguatteri... [che] provenivano da servizi disparati".

La parola descrive la pietanza insieme al gesto con cui veniva servita dalla zuppiera o dalla pentola: la minestra è etimologicamente inseparabile dal suo contenitore e accomuna ricchi e poveri perché tutti la servono e la mangiano nello stesso modo, con mestolo e cucchiaio, o la sorbiscono. Variano solo i materiali e le forme degli utensili.

Distrugge la minestra ed è un'imposizione sterile farla trovare, per comodità o per seguire la moda del momento, già servita nel piatto. Si privano i commensali di tre piaceri: assistere alla *ministratio*, servirsi o essere serviti coralmente e, soprattutto, scegliere la quantità e la consistenza desiderata.

Servirsi della minestra offre ai più piccoli una libertà inimmaginabile, l'anticipazione – osservare i gesti degli altri che si servono – è quasi un assaporare. La scelta, prima ancora di metterla in atto, è esaltante: una mestolata liquida o spessa? Piena o scarsa? Cercare le verdure del fondo o accontentarsi di quello che è in superficie? Recuperare sapientemente con il mestolo solo i pezzi di carota e la pasta? La minestra si gusta tutta, fino all'ultimo cucchiaio, con un rito preciso. Raccoglierla nel piatto è un gesto leggero che occupa entrambe le mani. A casa nostra, inclinavamo la fondina verso l'interno: era il modo più pratico per non sbrodolarsi; ma in pranzi più formali si vedono commensali inclinare il piatto verso destra o anche verso il centro della tavola. Non è un vezzo, né una raffinatezza. È un modo di evitare il rumore sgradevole delle succhiate: allungare il viaggio del cucchiaio verso la bocca rende impossibile alla testa di calarsi nel piatto e succhiare con avidità le ultime cucchiaiate.

La minestra oggi

Oggi le minestre si trovano anche già pronte in attraenti confezioni che celebrano il mangiar sano e naturale. A caro prezzo. Quelle classiche della cucina povera – pasta e fagioli, lenticchie e spinaci, ribollita o minestrone – suonano come piatti ricercati, a casa o al ristorante, proprio per la loro semplicità. E la preparazione domestica della minestra viene incoraggiata con nuove scorciatoie: confezioni di ortaggi e legumi tagliati e congelati per ogni gusto.

La minestra cambia più di qualsiasi altro piatto: a pezzetti, liscia o profumata, si rinnova sempre e non stanca mai.

Non c'è minestra o zuppa senza brodo, il liquido di cottura della carne, degli ortaggi o dei pesci bolliti. I brodi richiedono tempo, si fanno lentamente, ma si possono conservare in frigo o congelare. Tutti i brodi hanno una base vegetale e quindi diventano anche un'occasione per sbarazzarsi delle verdure, insalate incluse, che temporeggiano nel frigo senza uno scopo. I brodi naturali hanno un sapore impareggiabile, ma se si ha fretta quelli liofilizzati di verdure sono i meno artefatti.

Due sono i modi di preparare le minestre con verdure: a soffritto o a crudo. Nel primo caso si soffriggono le verdure in un filo d'olio – o anche nel burro, come si usa nell'Italia settentrionale – e poi si aggiunge acqua o brodo bollente; nel secondo, si ricoprono gli ortaggi crudi con acqua o brodo freddi che si portano a poco a poco a ebollizione, aggiungendo solo alla fine l'olio crudo, extravergine. La minestra a soffritto è più pesante ma più saporita, quella a crudo più leggera e delicata.

La minestra del giorno prima è ottima, se non addirittura migliore. Basta una breve bollitura e l'aggiunta di una foglia d'alloro – o di erbe aromatiche fresche come basilico, prezzemolo, maggiorana o dragoncello – per servirla di nuovo.

A cottura ultimata la minestra, come l'arrosto, deve riposare. A quel punto si possono aggiungere gli immancabili grassi, con parsimonia: un filo d'olio extravergine d'oliva, un battuto d'aglio e rosmarino appena scottato nell'olio, una noce di burro, una cucchiaiata di yogurt o di panna acida. E, se si vuole, si condisce con una spruzzata di limone.

Le vellutate

Insieme a pizze e focacce, le vellutate sono sempre state la mia passione – sia per la consistenza, sia per il colore. Il segreto per renderle più morbide e lisce è passarle prima nel passaverdura e poi frullarle. Il passato di verdura invece non si frulla ed è quindi più granuloso. Da piccola vi scioglievo con la forchetta un formaggino, scartato dalla stagnola dorata. Il passato si schiariva, si addolciva, diventava più cremoso e si raffreddava, acquistando una nuova armonia di sapori. Oggi il passato di verdura mi piace naturale, o al massimo arricchito da crostini di pane secco, tagliati a dadini, passati nel forno caldo per qualche minuto con un filo d'olio e qualche foglia di rosmarino.

Ma le vellutate sono il non plus ultra, in particolare quelle monocromatiche, dove il colore è potente, purissimo, e diventa gusto senza alcuna distrazione. Sono veloci e leggere le vellutate, sempre profumatissime. Quando introducono una cena, i commensali le accolgono sempre con incantato stupore, perché sono belle.

Minestre lunghe

Lunga o breve che sia, la preparazione delle minestre è fonte di grande piacere. Si sceglie, si pela, si taglia, si lava, si soffrigge, si aggiunge, si assaggia, si allunga, si mescola, si lascia e si riprende. La minestra che cuoce piano in cucina è una compagnia discreta e fidata: non richiede troppa attenzione e garantisce un risultato sicuro.

Le minestre lunghe mi regalano serenità. Preparo le verdure e, iniziata la cottura – scelgo sempre quella a soffritto, più saporita e profumata –, il tempo torna in mano mia: devo solo dedicare qualche minuto a rimestare e controllare la cottura, ma non devo accudire. È un'ora di pace, quasi metafisica, la minestra si fa da sola. È un ozio fertile, ma non nego che mi piace anche stare in cucina mentre la minestra cuoce, scrutare la lenta trasformazione che fonde, assimila, confonde, ma confondendo esalta alleanze di sapori. Spio quel sobbollire come un chimico, o come un mago, perché so che sta effettivamente accadendo qualcosa che è insieme chimica e magia.

Luoghi comuni da sfatare

Il minestrone o la ribollita, la pasta e fagioli o ceci e castagne chiedono tempo. Hanno bisogno di consumarsi. Lo sapeva bene mia madre, che avviava la minestra fin dal mattino. Eppure, un riso in brodo con prezzemolo o con erbette, una minestra di lattuga, cipollotti e piselli o vellutate di vario genere cuociono in mezz'ora.

La minestra non è un piatto solo invernale. Si trasforma in piatto estivo se servita molto fredda, come il gazpacho spagnolo, o anche tiepida, come i minestroni che abbelliscono le tavole dell'estate: senza cavoli e rape ma con verdure ed erbe di stagione, con riso o pasta, o semplicemente con l'aggiunta di pesto.

Amo cucinare le minestre, e ne sento il fascino, l'eleganza: una buona minestra ha la semplice gentilezza della condivisione, riempie armoniosamente il piatto come un gesto disegnato nell'aria con dolcezza.

Elogio della minestra e della sua cugina povera, la zuppa

Nata insieme all'Homo sapiens, la minestra continua a essere presente in tutte le civiltà. Pietanza a base di ortaggi e legumi cotti e serviti nel brodo di cottura – vegetale e no –, alla minestra si possono aggiungere pasta, riso e cereali di ogni tipo, gnocchetti o crostini di pane. Un piatto povero come la zuppa, la parente ancor più povera. Una sua variante è il "minestrone", un accrescitivo per descrivere una minestra più densa e con più ingredienti, mentre il diminutivo "minestrina" definisce una minestra leggera a base di brodo con pastina. "Zuppa", invece, deriva dal celtico *suppa*, fetta di pane intinto nel brodo – "inzuppato", quindi –, ed è una minestra in brodo, dove solitamente pasta e riso sono sostituiti dal pane. Oggi la distinzione tra minestra e zuppa non è più così netta e le due parole spesso si sovrappongono diventando intercambiabili. La minestra in realtà contiene riso o pasta, la zuppa no.

È confortevole pensare che sia stata proprio la minestra a dare inizio alla gastronomia, l'arte di trasformare gli ingredienti naturali in una pietanza appetitosa e gustosa. La minestra precede la lavorazione dell'argilla, e dunque la pentola: i nostri antenati la cucinavano in recipienti di pelle di animale o di foglie e rami intrecciati posti sul fuoco o sotto la brace.

Nei paesi del Mediterraneo è stata per secoli il piatto principale e sovente l'unico dei più umili, pur non mancando mai sulla tavola dei ricchi – come dimostrato dalle splendide zuppiere di porcellana e d'argento che erano parte integrante dell'arredo della tavola nei secoli passati.

Le minestre dei poveri dovevano sfamare: erano dense, a base di pane o meglio ancora di legumi, gli ingredienti più economici e nutrienti, ricchi di proteine; la carne appariva solo nelle feste grandi – Natale, Pasqua e poche altre – e spesso soltanto sotto forma di osso o avanzo di maiale, che dava il sapore di una pietanza riservata alle tavole dei benestanti: le minestre dei ricchi erano leggere – prevedevano altre portate –, ma nutrienti e variate. Il brodo era spesso di carne, servito da solo o con ravioli, uova, cereali, formaggio; oppure diventava una vellutata di ortaggi o un passato di mandorle, secondo la moda del momento.

La parola a Simonetta

La minestra è un cibo sano, leggero, nutriente, adatto a tutti; essa rallegra lo stomaco e lo dispone a ricevere e a digerire.

JEAN-ANTHELME BRILLAT-SAVARIN, *Fisiologia del gusto o Meditazioni di gastronomia trascendente*, Meditazione VI, p. 76.

Le minestre di casa Hornby

Vivevamo nel Sud di Londra in una grande casa vittoriana con giardino costruita nel 1860, con portico di stucco bianco e colonne, bovindi simmetrici ai lati e tetto in ardesia con otto comignoli di mattoni rossi e camini funzionanti: una comoda casa in cui allevare una famiglia. In estate, l'enorme clematide montana copriva il portico e la finestra sovrastante con un nuvolone di fiorellini rosa che durava fino a settembre; in autunno, il minuscolo roseto nell'aiuola a mezzaluna del giardino sul davanti produceva fino a Natale rose infreddolite e profumatissime. Una casa molto inglese, in un quartiere molto inglese. Ma all'interno la vita domestica era improntata sul modello siculo, l'unico che conoscessi.

Mio marito amava la cucina siciliana, ma soltanto sei giorni su sette. Teneva molto a cucinare il Sunday lunch, un pasto squisito a base d'arrosto, tipicamente britannico, corredato da un'infinità di contorni e dalle famose salse, salsette e mostarde, diverse secondo i tipi di carne: bue, maiale, agnello, anatra, pollo e, più raramente, oca e fagiano. Da madre di due ragazzi anglo-italiani, ero consapevole che la mia cucina non portava loro soltanto i sapori della Sicilia ma rappresentava cultura e memoria, un moderno lare familiare. Nonostante dovessi fare tutto di corsa – dirigere lo studio legale, reggere la casa e seguire Giorgio e Nicola con un minimo supporto esterno –, non mi è mai passato per la testa di comprare cibo cotto o pietanze surgelate. Cucinare mi diverte; preparavo e congelavo i pasti per la settimana con vero piacere, pensando che Mrs Swaine, la vicina che badava ai miei figli il pomeriggio, dopo la scuola, o i ragazzi stessi avrebbero cotto la pasta e preparato le verdure.

Nell'estate del 1985 Giorgio e Nicola – ragazzi affettuosi, obbedienti, bravi negli studi e abili nei lavori di casa – compirono rispettivamente quindici e tredici anni, l'età in cui avrei potuto dare loro le chiavi di casa e lasciarli soli fino al mio ritorno dal lavoro. E l'età delle prime uscite serali con gli amici. Detto addio a Mrs Swaine iniziammo con entusiasmo il nuovo regime alla ripresa della scuola, a settembre: durante la settimana, appena tornati da scuola affamati, i ragazzi si preparavano la merenda e poi studiavano fino al mio ritorno, all'ora di cena. Quando mi trattenevo in studio fino a tardi, o incontravo amici in centro, li chiamavo e davo loro indicazioni su cosa cucinare. Spesso era inutile: li avvertivo troppo tardi e loro erano già ai fornelli, spinti dalla fame, o addirittura stavano lavando i piatti. Il raggiungimento dell'agognata libertà dagli orari di rientro si rivelò di fugace durata. Mia madre mi aveva avvertita: "Attenta all'età del sivo, dovrai seguirli di più". Con il termine "sivo" intendiamo in Sicilia quel periodo acerbo e conflittuale che marca con un bombardamento di ormoni il passaggio dalla pubertà alla piena adolescenza, un periodo in cui i genitori devono essere particolarmente vigili e pazienti. Mamma mi aveva ricordato che io l'avevo avuto forte e precoce, ma breve; poi aveva aggiunto con la sua voce carezzevole: "Ma non mi hai dato alcun problema".

Manifestatosi con grande vigore all'inizio dell'anno scolastico, il sivo dei miei figli – avvenne contemporaneamente, forse perché erano legatissimi – continuò senza dar cenno di affievolimento. I ragazzi passavano dallo stato infantile – si rincantucciavano nelle poltrone a leggere, il dito in bocca; mi stritolavano con i loro abbracci muscolosi da giocatori di rugby; quando erano raffreddati chiedevano con una vocina pietosa il brodo di pollo con la pastina 000 – ad atteggiamenti da adulti – disdegnavano di venire al cinema con me e volevano uscire soltanto con gli amici, al ritorno poi erano restii a raccontarmi cosa avevano fatto. Giorgio era polemico e rispondeva con sarcasmo. Nicola, più tenero, a volte lo scimmiottava. Studiavano il tanto che bastava per non farsi bocciare, si rifiutavano di indossare l'uniforme scolastica come si deve – da sotto i pantaloni dell'uno spuntavano calze rosse, anziché nere; l'altro si allentava la cravatta regimental del college fino a quando non sembrava una collana hippy, il nodo appoggiato sul petto scarno e bianco; si chiudevano in bagno per ore e ne uscivano profumati, con i capelli pieni di gel modellati in onde e picchi ma sotto sotto puzzolenti come c'erano entrati, perché avevano ribrezzo della doccia. Tutto era soggetto a discussione, e nessuna superiore per vigore e passione a quella per le uscite del venerdì e del sabato sera. Concordare l'orario del ritorno richiedeva infinite trattative che potevano degenerare in lite; una volta fissato, era raramente rispettato da Giorgio, mentre Nicola chissà come riusciva a essere scrupolosamente puntuale. Unica tra tutte le mamme, mantenni il divieto di passare la notte dai compagni di scuola, che spesso erano lasciati soli dai genitori. In cambio, mi offrivo di ospitare i loro amici nella mansarda al terzo piano: speravo così di conoscerli meglio ed esercitare un minimo controllo.

Ma non avvenne: immersi fin dalla nascita nella vernice delle *good manners*, quei ragazzi della buona borghesia inglese nulla dicevano e nulla facevano trapelare. La presenza di ragazzine, anche quelle ospiti per la notte, e le insistenti richieste di andare in discoteca acuirono in me la paura della terribile triade: sesso non protetto, alcol e droga. Mi venne un grande sconforto: stavo perdendo contatto con i miei figli e le loro vite. A quel punto feci dietrofront e posi fine alla mia breve stagione di libertà: avrei trascorso a casa il venerdì e il sabato sera e quando Giorgio e Nicola uscivano con gli amici li avrei accompagnati e ripresi.

Misi a loro disposizione ampie provviste di aranciata, frutta, biscotti, pane e formaggio; forse per questo, gli amici dei figli si riunivano da noi dopo la scuola. Il venerdì cercavo di tornare presto dallo studio. Mi appostavo nell'anticucina, che era anche la mia stanza di lavoro, e sfogliavo le riviste professionali o facevo i miei lavoretti di cucito: allungare pantaloni, rinforzare bottoni e il rammendo, la mia passione. Ero tutta orecchie, mentre i ragazzi facevano uno spuntino sostanzioso in cucina; dopodiché, copiando i modi dei grandi, andavano in salotto. Li ammiravo, mentre mi sfilavano davanti: erano bellissimi. Non conosco sedicenne più bello di quello inglese, alto, corpo muscoloso modellato da rugby e football, ciuffo castano o dorato spiovente sulla fronte lattea, occhi dai colori forti, frangiati da ciglia spesse, guance rosate, labbra androgine e collo sottile con appena un accenno di pomo di Adamo. Suonavano la loro musica sul giradischi di mio marito – era il periodo dell'heavy metal e del rap, degli Smiths e dei Soul II Soul –, languidamente drappeggiati su braccioli, cuscini e spalliere dei lunghi divani bassi. Quando entravo in salotto, si tiravano su, lenti, e poi, con lo stesso languore, riprendevano le posizioni da odalischi. Concordato l'appuntamento con gli amici, si accatastavano poi nei sedili posteriori della mia automobile e insieme volavamo al luogo di ritrovo della comitiva. Prima delle otto ero di ritorno e aspettavo l'orario per andare a prenderli. Mio marito lavorava in salotto in compagnia della sua musica e di un bicchiere di whisky. Micia e Tonto, sdraiati ciascuno sulla mensola del proprio termosifone, mi guardavano perplessi. Certe volte mi chiedevo se fossi di ingombro anche ai gatti.

Non mi piaceva passare così i fine settimana: una prospettiva che non avevo mai contemplato.

Un venerdì di dicembre ero rientrata particolarmente presto: aspettavo un vecchio cliente per una questione delicata. Lo portai in cucina per evitargli l'imbarazzo di un incontro faccia a faccia; mentre lui parlava, io mi davo da fare per preparare un soffritto con i resti trovati in frigorifero: dadini di sedano, cipollina affettata, qualche spicchio d'aglio, carota a pezzetti – non grattugiata – e l'olio nostro di Mosè, portato in aereo dalla Sicilia. Un lavoro sbrigativo, pensavo, poi lo avrei congelato in porzioni. Ascoltavo, gli occhi fissi sulla pentola di coccio. Il trito di verdure era dorato, normalmente lo avrei considerato pronto. Ma il cliente era giunto ai fatti fondamentali per la sua difesa, non volevo interromperlo. Aggiunsi al soffritto un po' del vino rimasto, seguendo il principio di mamma: il vino non guasta mai una pietanza. Poi ancora vino, fino a quando non vuotai la bottiglia. Riscaldai un avanzo di brodo vegetale e ne versai un filo nel soffritto che sfrigolava allegro. Intanto, il cliente rispondeva senza imbarazzo alle domande indiscrete e necessarie. Per non interrompere il flusso della conversazione, oltre alle foglie di alloro misi rametti di rosmarino e di timo, colti in giardino, e tutto il brodo che c'era. L'aroma delle verdure sfuggiva dalla pentola inumidendo il basso soffitto della cucina; poi si allargava e ci avvolgeva rassicurante. E scioglieva ancora di più le riserve del cliente, che ora raccontava a ruota libera; lo lasciavo fare, certa che eravamo soli, e ignara che l'odore del soffritto aveva raggiunto anche il piano di sopra.

"Che buon odorino!" Il volto sorridente di Ray, il mio preferito tra gli amici di Giorgio e Nicola, spuntò nel vano della porta. E scomparve. Il cliente, sbiancato, era ammutolito. Poi, un calpestio di scarpe, risatine; il goffo branco di quindicenni dai capelli gommati si era presentato nell'anticucina: seguivano il profumo delle verdure. "Abbiamo fame, cosa possiamo mangiare?" chiese Giorgio; non era il solito pane e cacio che cercava. A quel punto, il soffritto destinato al freezer divenne la base di una minestra veloce, fatta con vecchie foglie di lattuga, spinaci, patate, lenticchie rosse e pomodoro: in mezz'ora era densa e fumante. Dopo aver accompagnato il cliente alla porta, andai in sala da pranzo: sentivo ridere. La pentolona di coccio, fumante e senza coperchio, era già in mezzo alla tavola apparecchiata. "Mangia con noi?" chiese Ray. I ragazzi intingevano nelle scodelle tozzi di pane integrale duro, ci spolveravano sopra generose cucchiaiate di parmigiano e poi ingoiavano voraci quella specie di zuppa. Tra un boccone e l'altro, chiacchieravano come se avessero scoperto contemporaneamente il piacere della convivialità e una certa complicità con me. "Ne è rimasta poca. La allunghi, così ce la finiamo stanotte quando torniamo?" chiese Nicola prima di andare via.

Sapevo cucinare pochi tipi di minestra, a casa mia si mangiava ogni giorno pasta; i piatti in brodo, sempre ottimi come tutto ciò che mamma ci serviva, apparivano sulla nostra tavola solo in pieno inverno e al massimo una o due volte la settimana. Cercai di imparare altre ricette, e da allora ogni venerdì preparavo una minestra, con e senza soffritto, preferibilmente di legumi, sempre di lunga preparazione e cottura. Il vero piacere della minestra non sta nel mangiarla, ma nel prepararla e nella sua lunga anticipazione acuita dagli aromi. Dalla magia. Ogni minestra contiene i semi dell'elisir della contentezza e grazie alle minestre i miei venerdì e sabati solitari furono allietati al punto che, quando i figli crebbero, ne sentii la mancanza.

Ho chiesto al mio figlio maggiore se si era mai reso conto del motivo per cui in quegli anni cucinavo la minestra ogni venerdì. Mi ha guardato incredulo. "La cucinavi ogni venerdì? Non me lo ricordavo. Mi ricordo soltanto che ci portavi in discoteca e poi tornavi a prenderci."

Non gli ho confessato che la minestra era il mio specchietto per le allodole.

Controcanto siculo-pakistano

Essendo ritornata alle minestre da adulta, e dal momento che vivevo all'estero, ho dovuto imparare da sola. A parte l'onnipresente brodo di pollo, che come dicono tutte le mamme non vegetariane del mondo cura qualsiasi male, è digeribilissimo da qualunque stomaco e piace a tutti, ricordavo soltanto due tipi di minestre: la minestrina primavera a Mosè, nei mesi caldi, e quella di lenticchie a Palermo, d'inverno. Per il resto, mangiavamo quasi sempre pasta. Le minestre ho cominciato a prepararle per avarizia – o, come direbbe mia madre, nella sua bontà e nel suo immenso amore per noi figlie, per oculatezza – e ho continuato per ingordigia: non volevo gettare nulla di cotto o di crudo e mettevo tutto a bollire in una pentola con aglio, che adoro, e cipolla. E con l'aggiunta di tutte le erbe e di tutti gli odori rimasti. Di queste minestre mi affascinava l'imprevedibilità: non sapevo mai come sarebbero venute. A volte erano scipite e aggiungevo, se c'era, un pizzico di estratto di pomodoro. Ma più spesso gli avanzi mescolati e ribolliti davano un gusto molto forte. Allora avevo due possibilità: la prima, che preferivo, era allungare la minestra con l'acqua e cuocervi dentro la pasta, da condire poi con molto olio crudo; la seconda era, facendo mie le indicazioni di Nadjma, un'amica pakistana, stemperarla con l'aggiunta di yogurt o di latte inacidito con il succo di limone. Al posto del parmigiano si usava cetriolo tagliato a tocchetti con un trito di menta, servito nella formaggera.

La minestra con lo yogurt la prendo spesso quando sono sola e mi fa compagnia, ospite invisibile, Nadjma, che non c'è più. Me la sento di nuovo vicina e sorella, perché tutte e due siamo state allevate con le due componenti fondamentali di questa minestra: i resti della cucina siciliana e lo yogurt della cucina orientale.

MENU SPEZIATO

Vellutata di zucca e zenzero
Polpette di pesce al forno in salsa piccante
Finocchi in padella con pomodoro e cumino
Torta di more e cannella

Vellutata di zucca e zenzero
(breve)

La vellutata di zucca è una crema dolce e delicata, dal colore accecante, specialmente d'inverno. Si abbina alla patata dolce, o, se non si trova, a quella a polpa bianca e farinosa. Lo zenzero è uno stacco: potenzia il gusto lasciando intatta la dolcezza.

Ingredienti (per 4-5 pp.)

800 g di zucca, tagliata a grandi fette, eliminando i semi
2 cucchiai d'olio
1 cucchiaio di foglie di timo fresco
2 porri medi, mondati (dopo aver eliminato la foglia esterna, lavarli e tagliarli a rondelle, compresa la parte verde)
1 patata dolce o a polpa bianca (150 g circa, pelata), tagliata a metà e poi a dadini
1 rametto di rosmarino
500 ml di brodo di verdura bollente
1 cucchiaio di zenzero fresco grattugiato
sale e pepe

1. Preriscaldare il forno a 180 °C con ventola.

2. Ricoprire una placca da forno con carta da forno e adagiarvi le fette di zucca. Salare, condire con un cucchiaio d'olio e spolverare con il timo. Infornare per 15-20 minuti, fino a quando la zucca diventa tenera. Controllare con una forchetta: quando penetra facilmente nella polpa la zucca è cotta. Sfornare, lasciare raffreddare, eliminare la scorza e tagliare la polpa a pezzetti.

3. Mentre la zucca cuoce nel forno, riscaldare in una pentola un cucchiaio d'olio e soffriggere i porri con un pizzico di sale a fuoco molto dolce per 5 minuti. Aggiungere la patata insieme al rosmarino e rosolare per 2 minuti. Coprire con il brodo di verdura bollente. Cuocere per 20 minuti a fuoco moderato. Unire la zucca e lo zenzero e aggiustare di sale e pepe. Cuocere per altri 10 minuti.

4. Passare gli ingredienti nel passaverdura con il disco a fori piccoli e poi frullare con il frullatore a immersione.

5. Servire appena calda.

Polpette di pesce al forno in salsa piccante
(breve)

Questa ricetta è solo un'ispirazione: specialmente nelle polpette ciascuno può creare la propria variante, per esempio sostituendo il merluzzo con salmone o tonno freschi. La cottura al forno le rende ancora più leggere. Si possono servire come aperitivo o come piatto principale, accompagnate da finocchi al pomodoro che esaltano il sapore del pesce.

Suggerimenti Grattugiare la scorza del limone prima di spremerlo.

Per la salsa, è bene utilizzare pomodori freschi solo in stagione, quando sono maturi e saporiti. Altrimenti, meglio affidarsi ai pelati.

Ingredienti (per 6 pp.)

Per le polpette
1 scalogno grande, pelato e tagliato in quarti
20 g di foglie e gambi di prezzemolo fresco, sminuzzati
15 g di origano
1 bustina di zafferano in polvere sciolto in un cucchiaio di acqua calda
1 spicchio d'aglio, pelato
1 cucchiaio di capperi sotto sale
4 acciughe sott'olio
750 g di merluzzo fresco o altro pesce tagliato a pezzetti
la scorza grattugiata di 1 limone intero non trattato e metà del succo
100 g circa di pan grattato casalingo
2 cucchiai d'olio

Per la salsa
1 cucchiaio d'olio
1 scalogno medio, pelato e tagliato sottile
1 spicchio d'aglio, pelato e sminuzzato
2 cipollotti primavera grandi, spuntati e tagliati a pezzetti, parte verde inclusa
400 g di pomodori maturi, pelati e tagliati a pezzetti (oppure 400 g di pomodori in scatola)
peperoncino piccante a piacere
sale

Salsa di pomodoro
    In una pentola con manico, riscaldare l'olio e far sof-

friggere dolcemente lo scalogno con un pizzico di sale per 5 minuti. Aggiungere l'aglio e cuocere per un altro minuto mescolando con un cucchiaio di legno. Unire i cipollotti e soffriggere ancora per 5 minuti. Alzare la fiamma, aggiungere i pomodori e cuocere per 2 minuti rimestando. Incorporare il peperoncino e regolare di sale. Abbassare il fuoco al minimo, coprire e cuocere per 20 minuti. Tenere in caldo.

Polpette di pesce
1. Frullare lo scalogno, il prezzemolo, l'origano, lo zafferano, l'aglio, i capperi con il loro sale e le acciughe nel robot da cucina, fino ad amalgamare il tutto. Aggiungere il pesce e continuare a frullare fino a ottenere un impasto omogeneo. Unire la scorza e il succo del limone all'impasto di pesce, frullandolo fino a incorporare tutti gli ingredienti.
2. Preriscaldare il forno a 200 °C con ventola.
3. Rivestire un'ampia placca da forno con carta da forno e ungere con un cucchiaio d'olio.
4. Estrarre l'impasto dal frullatore e metterlo in una ciotola. Di fianco, sistemare un piatto fondo con il pan grattato. Con le mani, modellare delle polpette di pesce della grandezza di una noce. Passarle nel pan grattato e allinearle sulla placca da forno. Irrorare con un cucchiaio d'olio.
5. Infornare per 10 minuti. Estrarre dal forno e con una spatola di legno girare le polpette in modo che cuociano uniformemente. Infornarle per altri 10 minuti. Alla fine devono essere bionde e croccanti.
6. Sistemare le polpette su un piatto riscaldato e servirle calde con la salsa di pomodoro a fianco.

Finocchi in padella con pomodoro e cumino
(breve)

È un contorno ideale per qualsiasi piatto di pesce, che il finocchio valorizza al massimo.

Suggerimento Scegliere i finocchi tondi, più dolci e meno fibrosi di quelli a forma allungata.

Ingredienti (per 4 pp.)
4 finocchi medi
2 cucchiai d'olio
1 noce di burro
1 cipolla bionda media, pelata, tagliata a metà e affettata sottile
400 g di pomodori in scatola
1 cucchiaino di semi di cumino pestati nel mortaio
sale e pepe

1. Mondare i finocchi e tagliarli in 8 spicchi ciascuno. In una pentola, portare a ebollizione 2 litri d'acqua, salare e sbollentare i finocchi per 4-5 minuti senza coperchio. Devono essere morbidi ma ancora sodi. Scolare.
2. Preriscaldare il forno a 180 °C con ventola.
3. In una grande padella antiaderente, scaldare l'olio e il burro e soffriggere la cipolla per 10 minuti con un pizzico di sale a fuoco molto dolce. Aggiungere i finocchi e saltare a fuoco vivace per 8-10 minuti, mescolando spesso con un cucchiaio di legno. Cospargere con cumino e unire i pomodori. Salare, pepare e cuocere coperto a fuoco basso per altri 15 minuti, rimestando di tanto in tanto. Il piatto è pronto quando i finocchi sono teneri ma non sfatti.
4. Lasciare riposare 10-15 minuti prima di servire.

Torta di more e cannella
(lunga)

Ingredienti (per 7-8 pp.)

140 g di burro morbido a temperatura ambiente
140 g di zucchero semolato
1 uovo
140 g di farina bianca
1 bustina di lievito per dolci
1 cucchiaio di cannella in polvere
1 cucchiaino di estratto di vaniglia o una bustina di vanillina
1 cucchiaio di cognac
300 g di more o altri frutti di bosco freschi
zucchero a velo per guarnire

1. Preriscaldare il forno a 180 °C con ventola.

2. In una ciotola capiente dai bordi alti, amalgamare il burro con lo zucchero per 5 minuti con un frullino elettrico fino a ottenere una spuma chiara e morbida. Incorporare l'uovo e continuare a sbattere per 2 minuti, fino a farlo scomparire nell'impasto. Aggiungere la farina, il lievito e la cannella continuando a usare il frullino. Unire infine la vaniglia e il cognac e amalgamare con il frullino per altri 2-3 minuti.

3. Utilizzare una tortiera piccola (18 cm di diametro) con fondo mobile e bordi alti (4 cm), altrimenti non resta impasto sufficiente per ricoprire le more. Rivestire con carta da forno bagnata e strizzata, così aderisce meglio.

4. Versare metà dell'impasto nella tortiera e spianarlo uniformemente con una spatola sul fondo. Disporvi le more e schiacciarle leggermente con una forchetta: devono penetrare per metà. Ricoprire la frutta con il resto dell'impasto, livellandolo con la spatola.

5. Infornare per 40-45 minuti, fino a quando la torta si imbiondisce in superficie.

6. Sfornarla e lasciarla raffreddare per 20 minuti prima di trasferirla su un piatto di portata.

7. Spolverare con lo zucchero a velo e servire.

Suggerimento La torta diventa ancora migliore se servita tiepida con panna leggermente montata.

4.

La cucina del piacere

Il piacere della tavola è particolare alla specie umana; esso presuppone delle cure antecedenti per preparare il pasto, per la scelta del luogo e per la riunione dei convitati.

Il piacere di mangiare esige, se non la fame, per lo meno l'appetito; il piacere della tavola è quasi sempre indipendente dall'una e dall'altra [...].

Il piacere della tavola non reca con sé né rapimenti né estasi né abbandoni, ma acquista in durata ciò che perde in intensità e si distingue soprattutto per il privilegio particolare di cui gode, di disporci a tutti gli altri piaceri o almeno consolarci della perdita di essi.

Infatti, dopo un buon pasto, il corpo e l'anima godono di uno speciale benessere.

JEAN-ANTHELME BRILLAT-SAVARIN, *Fisiologia del gusto o Meditazioni di gastronomia trascendente*, Meditazione XIV, p. 155.

Il piacere di cucinare per gli altri

Il piacere del convivio appartiene a tutte le civiltà del mondo; la preparazione del cibo è l'anima dell'ospitalità. E i buoni piatti, accompagnati da buoni vini, garantiscono il successo del convivio.

La cucina italiana è amata dovunque ed è facile compiacere i commensali inglesi con una pasta, semplice ma non banale. Li fa sentire speciali. A volte basta davvero poco. Al sugo di pomodoro aggiungo melanzane cotte al funghetto e sul piatto di portata cospargo la pasta con mozzarella di bufala, a tocchetti, insieme a qualche foglia di basilico. Per chi vuole, c'è il parmigiano. Una sorta di spaghetti alla Norma rivisitati e alleggeriti. Senza troppo aglio, né peperoncino.

I cuochi casalinghi di solito cucinano quello che piace a loro: lo sanno fare bene e bisogna lasciarli fare. Io preferisco tener conto delle preferenze dei miei ospiti e lavorare per esclusioni e correzioni di tiro. Del resto, quando sono a mia volta ospite mi commuove essere accolta da amici che hanno preparato una minestra apposta per me. È un buon inizio.

Il cibo donato: torte, biscotti e "tenerelli"

Il dono del cibo è sacro. È un gesto di generosità che racchiude il tempo e l'attenzione per l'altro. In Italia si indulge troppo nella forma e la volontà di fare bella figura sposta l'accento sul cibo comprato, costoso, d'effetto. In Inghilterra, la borghesia esalta il regalo alimentare casalingo, dalle marmellate ai biscotti – quelli allo zenzero sono prevalentemente natalizi – donati in piccoli sacchetti trasparenti, lucidi e scricchiolanti, chiusi con fiocchi colorati. Sono regali che fanno compagnia nel tempo, anche nei giorni successivi alla cena. Regali che anch'io ho imparato a confezionare. Al posto dei cioccolatini offro una scatola di "tenerelli", che nel nostro lessico famigliare sono palline di cioccolato modellate a mano e passate nello zucchero semolato. E piacciono ancora di più se presentati in una vecchia scatola di latta scovata al mercato di Portobello.

A volte, il cibo donato diventa un modo per collaborare alla cena tra amici intimi. Se da invitata mi lasciano libertà di scelta, porto un dolce, e ultimamente mi piace preparare tortine, torte individuali a base di uova, lievito, farina e zucchero con infinite varianti – in Inghilterra si chiamano cup cake e si vendono anche in pasticcerie specializzate. Sono torte in miniatura. Disposte su un vassoio o su un bel piatto, sono variegate e mai tristi come un avanzo di torta.

Il piacere di cucinare con i bambini

I bambini detestano la tavola dei tempi lunghi e l'etichetta soffocante, le chiacchiere dei grandi e i cibi troppo elaborati. Sono semplici e diretti, e condividere i pasti con loro è una bella occasione per stare insieme e introdurli al piacere della convivialità e del gusto. Con qualche accorgimento: è bene preparare per loro piatti semplici ma non semplificati, perché i bambini possono mangiare qualsiasi cosa, se si abituano fin da piccoli alla varietà di sapori e consistenze. La salsa al pomodoro con il soffritto di carote, cipolle e sedano li introduce al gusto dolce del classico sugo rosso, con una densità diversa da quella della solita passata; mentre le polpette al forno abbinate a piselli in umido li attirano in un universo di rotondità distinte.

Pratico e utile è dedicare loro un menu da condividere con gli adulti un giorno fisso della settimana. Quando eravamo piccoli, per esempio, al venerdì c'era la pizza, quella alta e soffice. La pasta di pane la si comprava fresca dal panettiere, già lievitata, poi la si stendeva con cura nelle teglie rotonde di alluminio dai bordi alti e la si ricopriva di pomodoro e formaggio. Non ne avanzava mai, come non avanzavano le polpette del mercoledì, fatte con gli avanzi di carne cotta, impanate e saltate nell'olio, croccanti e morbide nello stesso boccone – le nostre preferite, quelle che a Milano chiamano "mondeghili".

È altrettanto importante variare piatti e ingredienti, in modo che i bambini assaggino di tutto, minestra e pasta, asparagi e broccoli, senza escludere insalate crude e cotte, frutta esotica e frutta secca. Saranno loro a scegliere: ci sono gli avventurosi e gli abitudinari – la natura fa la sua parte –, ma i grandi possono accendere l'immaginazione e allargare l'esperienza gastronomica dei piccoli.

E non si cucina solo per formare buongustai in erba. Se si raccontano e si preparano i piatti di famiglia, si coltiva la memoria degli affetti lontani e il senso di appartenenza a una storia più grande. Le ricette di nonni e zii, spesso ancora scritte meticolosamente a mano, sono frammenti concreti di storia famigliare che rivive tra i fornelli. E i bambini apprezzano, domandano, ricordano. Non sono solo consumatori passivi, sono parte della famiglia, e ciascuno ha un ruolo. Coinvolgerli nella preparazione della tavola e dei piatti è il modo più naturale e diretto per farli collaborare. Diventano utili ma anche creativi nell'apparecchiare e decorare il centrotavola con le piante aromatiche del davanzale; imparano a combinare fantasia e precisione, quella necessaria per sistemare posate e bicchieri al posto giusto; scoprono che grattugiare il formaggio, impastare e modellare polpette e biscotti è ancora più divertente che giocare con la sabbia, perché il risultato è utile e commestibile. Assaggiando i propri errori, poi, imparano anche a correggersi e a riprovare. Non importa se si sporcano o se sono lenti: con un grembiule e del tempo a disposizione si danno da fare e finiscono per mangiare più volentieri e con maggior consapevolezza.

Lo scoiattolo che mangiò le tagliatelle fatte in casa

Ho sempre cucinato con mio figlio Andrea, fin da quando era piccolissimo, poco più alto del tavolo da pranzo. Il nostro laboratorio gastronomico consisteva unicamente nel massiccio tavolo di legno chiaro che occupava l'intera sala da pranzo, una veranda affacciata sul giardinetto della nostra prima casa londinese a Holland Park. La cucina era un corridoio stretto – con pensili da entrambi i lati e due piani di lavoro paralleli – che si apriva sulla veranda. Era uno spazio piccolo e complicato per lavorare con un bambino. Preferivamo di gran lunga la sala da pranzo. Coprivamo il tavolo con una tovaglia di plastica a fiori e fissavamo la macchina al bordo (l'Imperia – così ormai viene comunemente chiamato questo utensile – si fissa con una morsa in modo che non si sposti di un centimetro durante l'uso). La pasta fresca era già pronta nel frigorifero. Andrea girava la manovella, piano, con fatica, con determinazione. Per dar forma a nastri di pasta lisci e compatti bisogna imporre un ritmo e lui, salito su una sedia, ci si impegnava impugnando la manovella dall'alto. Dai rulli lisci si passava a quelli scanalati e la pasta come per magia usciva lenta e morbida in tante striscioline che Andrea raccoglieva con delicatezza per disporle poi su un vassoio abbondantemente infarinato. Eravamo bianchi dalla testa ai piedi.

Solo una volta fummo costretti a cambiare menu all'ultimo momento. Dalla veranda si era fatto avanti, in nostra assenza, un ospite silenzioso. Impettito al centro del vassoio, uno scoiattolo si portava alla bocca le tagliatelle con le zampe anteriori e le masticava svelto. Non sembrava spaventato dalla nostra presenza: anzi, continuava a ingozzarsi. Le tagliatelle erano davvero irresistibili. Si chiamava Pippo ed era una presenza fissa nel nostro giardino. Ma in casa non entrò mai più.

Andrea amava anche condividere la cucina con gli amici. Una volta abbinò la festa del suo compleanno a una festa gastronomica d'addio per salutare tutta la classe alla fine delle elementari. Affittammo una grande cucina nel refettorio di una chiesa, dove due cuoche professioniste organizzarono una lezione con giochi. I bambini prepararono dolcetti di cioccolato, crêpe con marmellata, frappé di vaniglia, torta al limone. Seguì un banchetto danzante. E il regalo per ciascun invitato fu un matterello e un grembiule bianco.

Il piacere di cucinare con gli adolescenti

> Per quanto raffinati siano i piatti e sontuosi gli accessori, non c'è piacere a stare a tavola se il vino è cattivo, se i commensali sono riuniti senza scelta, se le facce sono malinconiche e se si mangia in fretta e furia.
>
> JEAN-ANTHELME BRILLAT-SAVARIN, *Fisiologia del gusto o Meditazioni di gastronomia trascendente*, Meditazione XIV, p. 157.

Gli adolescenti che conosciamo oggi vivono spesso in un mondo tecnologico, isolato dagli adulti. Vengono a tavola per fame e per dovere, ma spesso se ne stanno muti e svogliati al loro posto, aspettando solo il momento di alzarsi e scomparire. Molti genitori se ne dispiacciono e si sentono impotenti.

Un'intraprendente ragazza inglese dal nome italiano, Francesca, voleva imparare a cucinare un menu italiano e come regalo per il suo quindicesimo compleanno aveva chiesto alla madre – già mia allieva – un corso di cucina personalizzato per lei e sei amiche.

Le allestii una festa-lezione gastronomica in casa mia. Le ragazze consumarono poi a lume di candela la cena da loro stesse preparata e alla fine regalarono alla festeggiata il grande mazzo di fiori che avevamo nascosto in bagno. Menu: bruschetta con pomodoro fresco; orecchiette al pesto aromatico con melanzane, piccatine di vitello con piattoni al pomodoro e torta di cioccolato con salsa di lamponi calda.

Gli amici di Francesca, gli amici dei suoi amici e tanti altri da allora vollero imparare a cucinare italiano. Così sono nati i miei corsi per giovani tra i quindici e i sedici anni.

Gli adolescenti sono desiderosi di imparare a cucinare: un modo per diventare grandi. Propongo loro menu semplici, con ricette stampate e raccolte in cartellette di plastica, da ripetere all'occorrenza. Do a ciascuno un grembiule bianco, insegno loro a tenere uno strofinaccio infilato nella tasca per asciugare le mani o gli utensili lavati, o per afferrare il manico di una padella calda. Sono attenti, fanno domande, prendono appunti, vogliono provare tutto – dal taglio della cipolla alla cottura della pasta. I due sessi già mostrano una differenza di atteggiamento verso la cucina.

Le ragazze desiderano conquistare i commensali con i loro piatti, farsi nuovi amici, quindi sedurre. Badano al dettaglio, si impegnano scrupolosamente a eseguire al meglio la ricetta e curano molto la presentazione del piatto: tagliano il polpettone a fette regolari che adagiano in una pirofila ovale, leggermente sovrapposte; dispongono intorno, a corona, le patate al forno; e apprezzano il contrasto tra il giallo del tubero e il verde degli spinaci.

I ragazzi invece sono interessati soltanto a cucinare bene per mangiare bene. Con cura e determinazione, ma senza fronzoli. Sono diretti ed essenziali e non vedono la differenza tra un piatto ben presentato e uno servito così come viene dalla pentola.

Saper cucinare le orecchiette al pesto aromatico con melanzane o la frittata al forno li rende più sicuri e alcuni si ripromettono di replicare presto, per non dimenticare ma soprattutto per darsi un tono. Commentiamo insieme gli errori – pasta troppo cotta o piccatine troppo asciutte – e celebriamo i piatti ben riusciti. Offro loro varianti per arricchire il repertorio e stimolare la fantasia, e loro prendono appunti fitti anche su questo.

È una gioia ascoltare le loro storie, i loro progetti, la loro visione del mondo: per gli adolescenti è più facile raccontre se stessi lontano dalla famiglia e farlo intorno a una tavola imbandita è ancora più invitante.

Alcuni di loro continuano a scrivermi. Considero questo il successo più grande.

La parola a Simonetta

Elogio dell'uovo sbattuto

L'uovo sbattuto è il collante culinario tra Nord e Sud, come si dice in Sicilia, o tra Su e Giù, come si dice in Lombardia. L'unità culinaria italiana si basa non sugli spaghetti – del Sud, e recenti –, non sul riso – del Nord, e in parte siciliano –, certamente non sulla pizza, prettamente napoletana. E nemmeno sugli arrosti o sui dolci, diversissimi. Si basa sul tuorlo d'uovo sbattuto con lo zucchero.

Si sceglie l'uovo crudo più fresco, si separa il tuorlo dall'albume e lo si versa in una tazza resistente e con manico, aggiungendo due cucchiaiate di zucchero. È un lavoro da fare seduti – dura una decina di minuti, intensi. Si afferra la tazza saldamente, poggiandola in grembo o sul tavolo, infilando il pollice nel manico e tenendo il fondo della tazza nel palmo. Si inclina la tazza e si comincia a battere tuorlo e zucchero con un cucchiaio piccolo o medio, con vigore e ritmicamente. In pochi istanti l'impasto diventa grumoso, del colore del sole al tramonto, arancio forte; poi, man mano che lo zucchero si scioglie, assume un bel tono di giallo che impallidisce con il gonfiare della spuma per trasformarsi in un giallino delicato, quasi bianco. Il cucchiaio sbatte sui bordi della tazza, forte forte, in un vortice: la schiuma si sparge sui lati e al centro si forma un candido cratere. Poi il ritmo rallenta: il polso è stanco, le dita, strette attorno al manico sottile del cucchiaio, soffrono, la morsa sulla tazza è dolorosa. L'uovo sbattuto si raccoglie sul fondo della tazza, in attesa del riposo. Per poco: la battitura riprende con rinnovato vigore e cessa quando l'impasto diventa soffice come neve.

L'uovo sbattuto si dice faccia bene ai figli "sciupati".

Si dice che stimoli l'appetito.

Forse, è soltanto miracolosamente buono.

E universale.

MENU PER BUFFET
(*per 14 pp. e oltre*)

Zuppa di ceci e castagne
Orecchiette al pesto di erbe aromatiche con melanzane
Piccatine di vitello, acciughe, salvia e scorza di limone
Seppie in umido con piselli
Piattoni al pomodoro piccante
Torta al cioccolato per celiaci con salsa di rose

Zuppa di ceci e castagne
(lunga e breve)

È una zuppa invernale. L'unione di ceci e castagne è basata sull'affinità e complementarietà degli ingredienti. Sono entrambi farinosi, ma la castagna aggiunge ai ceci una sfumatura dolce.

La ricetta si può cucinare in due modi diversi, secondo gli ingredienti a disposizione.

Ricetta lunga: con ceci secchi da ammollare e cuocere e castagne fresche da cuocere e sbucciare.

Ricetta breve: con ceci cotti e congelati e castagne cotte sottovuoto.

Suggerimento Usare rosmarino fresco, quello essiccato quasi non ha sapore.

Ingredienti (per 6 pp.)

250 g di ceci secchi (oppure cotti e congelati)
3 foglie d'alloro spezzate
2 coste di sedano, lavate

1 carota grande, pelata, tagliata in quarti e affettata
1 cipolla grande, pelata, tagliata a metà e poi affettata
400 g di castagne fresche, bollite e sbucciate a mano (oppure 250 g di castagne cotte, sottovuoto)
800 ml di brodo vegetale bollente
4 cucchiai d'olio
2 spicchi d'aglio, sbucciati e tagliati a metà
1 cucchiaio di foglie di rosmarino fresco, sminuzzate

Ricetta lunga

1. La sera prima, mettere i ceci secchi a mollo in acqua tiepida e lasciarli per tutta la notte. Assorbendo l'acqua, i ceci raddoppieranno di volume.

2. Il giorno seguente, scolarli, sciacquarli, metterli in una pentola e coprirli con altra acqua fredda. Aggiungere una costa di sedano, insieme a due foglie di alloro spezzate, così liberano tutto l'aroma. Portare a ebollizione e cuocere a fuoco dolcissimo per 3 ore, con coperchio. Non aggiungere sale: indurisce i legumi. Assaggiare e, quando i ceci sono teneri, scolarli ed eliminare sedano e alloro.

Se si utilizza la pentola a pressione, coprire i ceci con un litro e mezzo di acqua. Aggiungere sedano e alloro. Chiudere, portare a ebollizione e calcolare un'ora di cottura da quando inizia a fischiare; togliere dal fuoco e far raffreddare per almeno un'ora, lasciando sfiatare la valvola naturalmente.

3. Nel frattempo, in una pentola, coprire le castagne fresche con acqua fredda e portare a ebollizione. Cuocere per un'ora e mezzo, scolare, far raffreddare e con paziente precisione incidere la buccia spessa ed eliminarla.

4. In una pentola con manico, riscaldare 2 cucchiai d'olio e soffriggere la cipolla per 5 minuti con un pizzico di sale, a fuoco dolce; aggiungere la carota e l'altra costa di sedano – lavata, privata dei filamenti e tagliata sottile – e rosolare per altri 5 minuti a fuoco basso, mescolando di tanto in tanto con

un cucchiaio di legno. Aggiungere ceci e castagne cotti, la foglia di alloro, e mescolare in modo che tutti gli ingredienti si amalgamino tra loro. Coprire con brodo bollente e cuocere con coperchio, a fuoco dolcissimo, per mezz'ora circa.

5. Eliminare l'alloro. Nel passaverdura, con il disco a fori piccoli o medi – a seconda che la zuppa piaccia più o meno vellutata – passare almeno due terzi degli ingredienti. Rimettere in pentola il purè ottenuto e mescolare. Regolare di sale e pepe.

6. In una piccola padella antiaderente, riscaldare 2 cucchiai d'olio con l'aglio e il rosmarino e far soffriggere un minuto per liberare e combinare tra loro i sapori. Eliminare l'aglio e versare nella zuppa olio e rosmarino, mescolando con un cucchiaio di legno.

7. Lasciare riposare anche per mezz'ora prima di servire appena calda.

Ricetta breve

Con ceci cotti e congelati e castagne cotte sottovuoto la ricetta inizia al punto 4 di quella lunga.

Orecchiette al pesto di erbe aromatiche con melanzane
(breve)

Ho creato questo pesto con la maggiorana e il timo che coltivo in casa.

Suggerimento Le orecchiette sono la forma di pasta più adatta per questa ricetta perché danno consistenza al sugo e raccolgono bene melanzane e cipolle.

Ingredienti (per 4-5 pp.)

400 g di orecchiette

Per il pesto
2 cucchiai di pinoli
1 manciata di foglie fresche di basilico
1 manciata di foglie fresche di maggiorana
1 manciata di foglie fresche di timo
1 cucchiaio di origano
1 spicchio d'aglio pelato
4 pomodori secchi sott'olio
peperoncino secco a piacere
1 cucchiaio di capperi sotto sale
4 cucchiai d'olio
6 olive nere senza nocciolo
20 g di pecorino grattugiato
30 g di parmigiano grattugiato

Per la melanzana e cipolla
3 cucchiai d'olio
1 cipolla grande rossa, pelata, tagliata in quarti e affettata sottile
1 melanzana grande ovale
1 cucchiaio di origano
parmigiano grattugiato per servire
sale

Pesto
1. In una piccola padella antiaderente, saltare i pinoli per circa 5 minuti a fuoco medio, senza aggiungere alcun grasso e mescolando spesso con un cucchiaio di legno fino a quando si imbiondiscono uniformemente. Trasferirli immediatamente in una ciotola: se si lasciano nella padella, anche

lontano dal fuoco, continuano a cuocere e rischiano di bruciare.

2. Frullare nella vaschetta piccola del robot da cucina il
basilico, la maggiorana, il timo, 1 cucchiaio di origano, i pinoli saltati, l'aglio, i pomodori secchi, i capperi, le olive, il peperoncino e 4 cucchiai d'olio fino a ottenere una crema densa. Trasferire in un piatto fondo di portata e incorporare i formaggi. Mescolare bene e lasciar riposare per almeno mezz'o-
ra, in modo che i sapori si combinino tra loro.

Melanzana e cipolla

1. Per preparare la melanzana e cipolla sono necessarie due
padelle antiaderenti, una media e una grande: hanno tempi e
temperature di cottura diversi – si uniscono solo alla fine.

2. Riscaldare un cucchiaio d'olio nella padella media e soffriggere dolcemente la cipolla con un pizzico di sale per
15 minuti, con coperchio, rimestando di tanto in tanto con
un cucchiaio di legno.

3. Nel frattempo, lavare e spuntare la melanzana; con un
pelapatate, pelarla a strisce alterne in modo da lasciare parte
della buccia che dà sapore e consistenza. Tagliarla a metà e
poi a fette verticali spesse 1 cm, quindi ridurle a dadini piccoli e della stessa misura, così cuociono uniformemente.

4. Riscaldare un cucchiaio d'olio nella padella grande e
saltare la melanzana a fuoco medio con un pizzico di sale per
15-20 minuti, rimestando spesso con un cucchiaio di legno in
modo che si imbiondisca e si ammorbidisca uniformemente.
Cospargere di origano e mescolare.

5. Unire la melanzana alla cipolla e cuocere per 2 minuti.
Togliere dal fuoco e tenere in caldo.

1. In una pentola capiente, portare abbondante acqua a
ebollizione, salare e cuocere le orecchiette secondo il tempo
indicato sulla confezione.

2. Prima di scolare, aggiungere al pesto 60 ml dell'acqua di cottura e mescolare; versare in una ciotola altri 50 ml dell'acqua cui unire un cucchiaio d'olio.

3. Scolare al dente, rimettere la pasta nella pentola e aggiungere l'emulsione di acqua e olio. Rimestare velocemente e cuocere a fuoco medio per un minuto. Unire la pasta al pesto e mescolare. Aggiungere le melanzane con cipolla calda e mescolare con cura.

4. Servire immediatamente con una spolverata di parmigiano.

Piccatine di vitello, acciughe, salvia e scorza di limone
(breve)

La piccata è un piatto milanese, originariamente chiamato "frittura piccata", a base di fettine di fesa di vitello, la più tenera possibile, infarinate, passate al burro e annaffiate con Marsala secco o con limone. Questa ricetta di casa, uno dei piatti tipici di zia Maria, si distacca dalla tradizione meneghina: acciughe, salvia e scorza di limone creano un sapore più variegato.

Suggerimento Cucinare le piccatine all'ultimo momento e servirle immediatamente, altrimenti si seccano. Se si riscaldano, perdono la fragranza e arrivano in tavola già vecchie.

Ingredienti (per 4-5 pp.)

500 g di fesa di vitello, tenera e tagliata sottile
farina bianca per infarinare le fettine
1 cucchiaio d'olio
50 g di burro
4 acciughe sott'olio, a pezzetti

4 foglie di salvia spezzettate
la scorza grattugiata di 1 limone grande non trattato
sale e pepe

1. Mettere 3-4 cucchiai di farina bianca in un piatto fondo e infarinare le fettine di vitello da ambo i lati, premendo bene con le mani.

2. Riscaldare il burro con l'olio in una grande padella antiaderente e rosolare le acciughe per 2-3 minuti a fuoco medio, fino a quando si sciolgono completamente. Mescolare con un cucchiaio di legno e aggiungere la salvia.

3. Adagiare le fette di carne nella padella e soffriggere a fuoco medio-alto per 2-3 minuti per parte, finché si imbiondiscono. Abbassare il fuoco, salare leggermente – le acciughe salano già un poco – e pepare; cuocere le piccatine per altri 2 minuti da ciascun lato. Cospargere con la scorza di limone e spegnere il fuoco. Lasciare in padella un minuto.

4. Sistemare le piccatine su un piatto di portata riscaldato.

5. Servire subito.

Seppie in umido con piselli
(lunga)

Suggerimento Pulire le seppie è la parte più lunga della ricetta, ma lo può fare il pescivendolo, semplificando il lavoro del cuoco. Nel caso, suggerisco di farsi tenere da parte il sacchetto con il nero di seppia, ottimo e bellissimo da aggiungere a un risotto. Scegliere le seppie di media grandezza (lunghe 12-15 cm, esclusi i tentacoli), più tenere di quelle grandi ma più carnose delle piccole. Surgelate si trovano di tutte le dimensioni, anche quelle grandi dell'oceano. In generale, sono più insapori di quelle fresche ma più tenere.

Ingredienti (per 6 pp.)

800 g di seppie medie già pulite (oppure 1,200 kg da pulire)
3 cucchiai d'olio
3 acciughe sott'olio spezzettate
peperoncino a piacere
2 cipolle bionde grandi, pelate, tagliate in quarti e affettate
· sottili
2 spicchi d'aglio, pelati e sminuzzati
2 cucchiai di concentrato di pomodoro
100 ml di vino bianco secco, di buona qualità
1 foglia di alloro spezzata
400 g di piselli sgranati, freschi o surgelati
un mazzo di prezzemolo fresco, tritato sottile, gambi inclusi
sale e pepe

1. Se non sono state pulite, bisogna spelare le seppie, eliminare le interiora, gli occhi, la bocca e l'osso. Lavarle in acqua corrente. Con un coltello ben affilato, lungo e pesante, separare i tentacoli e tagliare le sacche orizzontalmente a strisce della grandezza di 1 cm circa e verticalmente a metà i tentacoli più grandi.

2. In una pentola, riscaldare 2 cucchiai d'olio e soffriggere la cipolla a fuoco dolcissimo con un pizzico di sale per 10 minuti. Aggiungere l'aglio, le acciughe e il peperoncino e cuocere per 2 minuti a fuoco medio, mescolando con un cucchiaio di legno.

3. Unire le seppie e cuocere a fuoco alto per 5 minuti, mescolando di frequente. Aggiungere il concentrato di pomodoro e continuare a mescolare. Annaffiare con il vino, mescolare e lasciare evaporare per 2 minuti. Unire l'alloro, coprire e cuocere a fuoco basso per 25-30 minuti. Aggiungere i piselli e cuocere per 15 minuti, sempre a fuoco basso. Spolverare con il prezzemolo e cuocere per un altro minuto, scoperto.

4. Togliere dal fuoco, condire con un cucchiaio d'olio e mescolare.

5. Lasciare riposare 10-15 minuti prima di servire.

Piattoni al pomodoro piccante
(breve)

I fagiolini corallo, comunemente detti "piattoni", sono lunghi, piatti, saporiti e carnosi. A differenza dei più comuni fagiolini, i piattoni accomunano tutte le cucine del Mediterraneo, dalla Turchia al Marocco. Si abbinano al pomodoro, e un tocco di piccante ne esalta il gusto dolce. Gustosi anche solo sbollentati e conditi con olio e limone.

Ingredienti (per 4 pp.)

600 g di piattoni
3 cucchiai d'olio
1 cipolla rossa grande, pelata, tagliata in quarti e affettata
1 spicchio d'aglio, pelato e sminuzzato
peperoncino secco a piacere
400 g di pelati
1 foglia di alloro spezzata
una manciata di prezzemolo fresco sminuzzato
sale

1. Mondare i piattoni eliminando le due estremità con un coltello. Lavarli e scolarli. In una pentola, portare a ebollizione un litro d'acqua con un pizzico di sale e sbollentarvi i piattoni, senza coperchio, per 5 minuti. Scolarli e tagliarli a pezzi.
2. In una pentola col manico, riscaldare l'olio e far appassire la cipolla a fuoco basso per 10 minuti, con un pizzico di sale. Aggiungere aglio e peperoncino e soffriggere per 1 minuto a fuoco medio. Unire i pelati e l'alloro, lasciare cuocere per qualche minuto e aggiungere i piattoni. Mescolare bene.
3. Cuocere piano, a fuoco dolcissimo, coperto, per 15-20 minuti, fino a quando i piattoni sono teneri ma ancora sodi. Unire il prezzemolo, mescolare e togliere dal fuoco.
4. Lasciare raffreddare e servire tiepidi.

Torta al cioccolato per celiaci con salsa di rose
(lunga)

La salsa di rose è una prelibatezza primaverile o estiva. È fondamentale utilizzare le rose non trattate con prodotti chimici, e ancor meglio se profumate.

Suggerimento Insieme alla salsa di rose si può servire panna leggermente montata.

Ingredienti (per 8 pp.)

Per la torta
200 g di cioccolato fondente (al 70 per cento di cacao) in tavoletta, spezzettato
200 g di burro
200 g di zucchero semolato
4 uova
50 g di farina di mandorle
1 bustina di lievito vanigliato o una bustina di lievito per dolci e una di vanillina
burro e farina per stendere la pasta

Per la salsa di rose
4 cucchiai di zucchero semolato
2 cucchiai di rum
300 g di petali di rose edibili

Per la panna montata
500 ml di panna fresca da montare
1 cucchiaio di zucchero a velo (facoltativo)

Torta

1. Sciogliere il cioccolato insieme al burro in un pentolino, a bagnomaria, mescolando con un cucchiaio di legno. Togliere dal fuoco e lasciare raffreddare.

2. Preriscaldare il forno a 180 °C con ventola.

3. In una ciotola capiente, con un frullino elettrico o a mano sbattere le uova con lo zucchero per 10 minuti, fino a quando diventano cremose e morbide. Aggiungere quindi il cioccolato e mescolare con un cucchiaio di legno.

4. Incorporare delicatamente, con una spatola, la farina di mandorle e il lievito.

5. Imburrare e infarinare una tortiera antiaderente (24 cm di diametro) con fondo mobile e bordi alti (7 cm) e versarvi il composto.

6. Infornare per 30 minuti.

7. Sfornare e lasciare raffreddare.

8. Disporre la torta su un piatto di portata.

Salsa di rose

1. In una pentola con manico, sciogliere lo zucchero con 2 cucchiai di acqua a fuoco basso, mescolando per 5 minuti con un cucchiaio di legno. Aggiungere il rum e i petali di rosa. Mescolare e cuocere a fuoco dolcissimo per 20 minuti, coperto.

2. Togliere dal fuoco e frullare con il frullatore a immersione.

3. Lasciare intiepidire e servire.

Panna montata

1. Montare leggermente la panna con il frullino a mano, in una ciotola fredda (lasciarla nel freezer qualche minuto), capiente, con bordi alti per non schizzare.

2. Se piace dolce, incorporare lo zucchero a velo con una spatola e servire in tavola in una ciotola colorata.

5.

La tavola

Mi sono persuaso che quando c'è meno lusso non c'è meno gioia, meno allegria, meno divertimento.

Jean-Anthelme Brillat-Savarin, *Fisiologia del gusto o Meditazioni di gastronomia trascendente*, Meditazione XV, p. 165.

Qualunque sia la tavola, amo prepararla bene e con calma, anche solo per un pasto in famiglia. Per praticità, quando sono sola o per un pranzo rapido, uso il servizio all'americana, ma senza dubbio le tovagliette separano. La tovaglia di stoffa è meglio: è il luogo in cui i commensali diventano, per l'appunto, "commensali", nel senso stretto del termine. Spianare la tovaglia con le mani mi dà grande soddisfazione. Non solo perché il gesto toglie eventuali grinze, ma perché prepara con gentilezza la disposizione delle stoviglie.

L'arte di apparecchiare con avanzi di porcellana, vetro e tessuto

Secondo me, la tavola del buon gusto non ha bisogno di tovaglie di lino ricamate a mano, e neppure di stoviglie di valore – bicchieri di cristallo, piatti di porcellana, posate d'argento. In molti casi, non esistono nemmeno più le stanze da pranzo tradizionali. Ci sono meno regole da seguire, e meno rigide. Per apparecchiare una bella tavola basta armonizzare le suppellettili domestiche, abbinandole con immaginazione. I piatti spaiati scampati alla distruzione del tempo, i bicchieracci di vetro di tutti i colori e i tovaglioli scompagnati sono avanzi domestici che possono vivere un'altra stagione gloriosa. La tavola apparecchiata con piatti differenti può essere gradevolissima: basta seguire il filo conduttore di un colore, un materiale, un motivo floreale, un bordo dorato, una forma speciale per creare nuove simmetrie, capaci di arricchire il piacere del convivio.

Le brocche per servire l'acqua mi piacciono di vetro leggero e di forme diverse. I tovaglioli di carta sono scomodi e finiscono sempre per terra. Io uso quelli grandi di stoffa, bianchi o colorati. Hanno una vita indipendente dalle tovaglie cui originariamente si accompagnavano: più si lavano e più diventano belli, morbidi e con nuove sfumature cromatiche.

Il gusto del convivio

Marco e io ci divertiamo a preparare e servire i pranzi, senza aiuti domestici. Invitiamo spesso. Per noi, sono occasioni di incontro e di arricchimento, in cui la semplicità curata delle pietanze, accompagnate da vini di qualità, stimola il convivio. Il nostro tavolo ospita dieci commensali, il limite per coniugare buona conversazione e piacere culinario: gli ospiti li abbiniamo con cura, cercando di armonizzare la varietà di interessi e professioni con le affinità e la sensibilità di ciascuno. Tra una portata e l'altra, si conversa. Non c'è mai fretta di passare al piatto successivo. Si introduce un nuovo vino, si stimola il dialogo, si ascoltano i più loquaci e si cerca di coinvolgere i timidi. Quando vogliamo avventurarci in ricette più elaborate, che richiedono maggior attenzione, riduciamo il numero a sei.

A me piace osservare gli ospiti e sono contenta quando vedo il loro sguardo posarsi divertito sui colori potenti dei bicchieri a calice, acquistati in un negozietto indiano: dal giallo zafferano al rosso porpora, dal verde smeraldo al viola intenso. Risaltano sulle tovaglie a tinta unita – verdi, blu, bianche – e rallegrano l'atmosfera della cena insieme ai piatti quadrati bianchi, che alterno a quelli dall'originale forma a ventaglio, con un uccellino turchese in mezzo, un ricordo vivo di mia suocera.

A casa nostra si sta a tavola fino alla fine della serata, quando all'improvviso ci si accorge che si è fatto tardi, le candele si sono consumate. Per noi è la prova che la cena è riuscita, il tempo è fuggito rapido e lieve trasportando gli invitati in una dimensione di benessere conviviale.

Le buone maniere a tavola

Le buone maniere a tavola sono la grammatica del rispetto degli altri. I miei fratelli e io abbiamo sempre mangiato insieme ai nostri genitori, fin da piccoli. Da loro abbiamo imparato le buone maniere e con il loro esempio le abbiamo affinate. Cenavamo in cucina solo quando loro uscivano: in quelle sere ci sentivamo più liberi, perché i pasti erano più semplici e veloci. Usavamo piatti piccoli e bianchi con un bordo sottile color acquamarina e un diverso animale in rilievo sul fondo. Poteva essere un elefante, un cammello, una giraffa o una zebra. Dovevamo scoprirlo mangiando: era un gioco, ma anche un espediente per farci finire tutto il passato di verdura, o il riso e latte, con quella sgradevole pellicina che si formava sulla superficie. Lo detestavo, tanto che non l'ho mai cucinato.

Margherita, la mia nonna materna, è stata decisiva sul fronte delle buone maniere. E lo è stata, come è sempre meglio che accada, senza sforzo alcuno. Con lei trascorrevamo parte dell'estate nella casa di Forte dei Marmi, e mangiavamo sempre insieme, la sera anche con i suoi ospiti. Al mare non veniva mai, era troppo caldo per lei, ma partecipava comunque alle nostre avventure, ci ascoltava raccontare: i tuffi dal ponte di Paolo, il miglior nuotatore di famiglia; le remate a turno in pattino e il bagno al largo; la vittoria di Carlo a biglie sulla pista con la curva sopraelevata. Di noi le interessava tutto. Se a cena c'erano ospiti, erano loro a essere serviti per primi – noi imparavamo ad aspettare – e la nonna aveva l'accortezza di disporli a tavola in modo che conversassero piacevolmente. La convivialità, per lei, era l'arte dell'ascolto. Se si accorgeva che qualcuno si attardava a finire la pietanza o si serviva di nuovo, si serviva di nuovo anche lei – di poco, ma abbastanza per non lasciare il suo piatto vuoto e l'ospite solo; mangiava quindi con calma, posando la forchetta per non forzare il ritmo degli altri. Con la sua sorridente approvazione, noi scappavamo in giardino appena finita la cena.

La parola a Simonetta

Bisticci

Durante la villeggiatura a Mosè, dove a tavola davvero si passavano le ore, le discussioni erano spesso animatissime, in particolare la sera, quando la calura del giorno si era affievolita e la lunga notte ci avvolgeva nel silenzio sonoro della campagna. La tavola era mezza sconzata: non c'erano più piatti e posate, ma rimanevano le fruttiere, riempite di nuovo, i bicchieri e le caraffe dell'acqua, insieme alle bottiglie di vino e di liquori. I grandi non litigavano mai davanti agli altri, ma in certe serate estive, quando eravamo in tanti, e tutti parenti, si discuteva di qualsiasi cosa, senza freni.

La sola discussione che degenerò in un bisticcio avvenne tra due fratelli, cugini dei miei genitori, su chi fosse la donna più bella del mondo. Il fratello maggiore era un uomo di charme, eccellente pianista e raconteur eccezionale, era stato un gran dongiovanni e continuava a godersi la vita. Il fratello minore, introverso, non bello e molto miope, amava gli studi e la lettura. Anche lui era di compagnia, quando voleva, e cantava jazz con una bella voce; di charme, però, non ne possedeva.

Fu papà ad accendere la miccia. Eravamo stati al mare, e si parlava di una bella ragazza che aveva indossato uno dei primi costumi a due pezzi che avessi mai visto, simile a quello dei mosaici romani di Piazza Armerina. "Grandi cosce," disse lui, e da lì iniziò una conversazione vivace. Mamma e zia Teresa controllavano che non degenerasse in qualcosa di osé, non adatto ai bambini, ma il tono era gioviale e i commenti sembravano goffi perfino a me. Erano gli anni sessanta, e la rivalità tra due bellissime attrici italiane, vera o creata ad arte, riempiva i rotocalchi. I grandi parlavano di attrici che avevo visto al cinema; storditi dal fumo e leggermente brilli, si comportavano come bambini litigiosi. A una a una, passavano in rivista ogni attrice conosciuta. Alla fine ne rimasero in lizza soltanto due, per giunta italiane. Il fratello minore a quel punto alzò la voce e dichiarò con una passione inaspettata che Gina Lollobrigida era la donna più bella del mondo, e basta, e ne osannò i lineamenti e l'armonia del corpo. Gli altri non avevano preso posizione, mentre il fratello maggiore intervenne con forza a favore di Sophia Loren e fece una perorazione che tutti ascoltarono dapprima in silenzio, poi unendosi con entusiasmo ai suoi elogi, pezzo per pezzo. Che seni! E il culo? Occhi di fuoco! Inviperito, il fratello minore attaccò il maggiore ricordandogli passate fiamme che belle non erano, piuttosto... Da lì si arrivò alle parole grosse.

"Osi insinuare qualcosa contro la Loren?" Il maggiore si era fatto paladino della probità dell'attrice napoletana. "Tu, proprio tu che non hai mai saputo che ci vuole per 'fare' una fimmina verace, mai ne hai avute tu!" E rideva in faccia al fratello.

"Già, perché tu tante ne hai avute, proprio perché non ce la facevi..."

"A te non ti degnava nessuna fimmina, ammettilo..."

"Che ne sai?"

"Come 'che ne so', se dividevamo la stanza da letto! Tutti lo sapevano che tornavi a casa moscio moscio, nessuna ti voleva!"

"Non è vero! Altro che! C'erano certe donne..."

"Fammi i nomi..."

"Non faccio mai i nomi delle signore, è una cosa privata, e nessuno ne è al corrente..." rintuzzò il fratello minore, e si guardò in giro, soddisfatto.

"Dubito che qualcuna abbia mai avuto una 'simpatia speciale' proprio per te," lo punzecchiò il maggiore, "sappiamo chi ti piace, la tua simpatia speciale non è mai stata ricambiata!" E poi, rivolgendosi al resto della comitiva: "Vediamo chi indovina per primo chi è questa!".

Nell'ilarità generale, iniziò a canticchiare indovinelli e scioglilingua sulle presunte fiamme del fratello. Poi, in piedi, ne imitò le annacate, i vezzi e il modo di parlare. L'altro stava zitto, con il volto di prugna, batteva le dita sulla tovaglia come se fosse un tamtam. Poi sbummicò:

"Cretino, da come ti comporti penserei che sei un...".

"Un che?"

"Un garruso!"

"Come osi!"

Il fratello maggiore aveva assunto un tono indignato facendo valere l'autorità che l'età gli conferiva e il minore iniziò a vomitare tutto quello che si teneva dentro da una vita, rivangando vecchie storie. Batteva il pugno sul tavolo, mentre l'altro gli faceva versi e moine come se fosse garruso veramente. Papà cercava di calmarli. Ci riuscì mamma: portò dei gelati e zia Teresa si mise subito a servirli. Con le altre donne, ripresero il controllo della serata.

L'indomani i fratelli non si rivolsero la parola, e ci volle la mediazione di mio nonno per ottenere una parvenza di pace, che poi venne da sola.

Quando si è ospiti in campagna o nei cottage per il fine settimana, in famiglia o da amici, si cucina insieme, soprattutto se si pernotta in casa altrui – fa parte del divertimento. Lo si fa in allegria, magari sorseggiando un bicchiere di vino, ed è gradevolissimo. Anziché cucinare, io preferisco i compiti autonomi su cui c'è poco da discutere: pulire pentole, pelare le patate, lavare verdure, tagliare l'insalata, portare fuori la pattumiera, preparare la tavola; per fortuna, mi vengono assegnati facilmente: nessun altro li vuole. E lavorando ascolto e noto le piccole tensioni tra i cucinieri. Ci sono norme da rispettare, quando si è nella cucina di altri.

La prima è non contraddire o, Dio ne scampi, correggere i padroni di casa, indaffarati a cucinare e a badare agli ospiti. Se uno mette le fruste alla velocità 4, mentre la maionese si fa alla velocità 3, non importa: sarà pronta prima.

La seconda è non chiedere costantemente approvazione se ci affidano un compito. Se tagliamo le patate a pezzi troppo piccoli non fa niente, cuoceranno lo stesso – l'invitato che cerca costantemente l'assenso irrita e distrae.

La terza è non insegnare nulla ai padroni di casa, anche se la tentazione è grande. Non è il momento. Non aiuta, mentre uno trita di fretta il prezzemolo con la mezzaluna, dire che dovrebbe sminuzzarlo con le dita, e nemmeno suggerire di comprarsi un coltello di ceramica, per evitare l'ossidazione delle foglie. Non si correggono gli errori commessi dagli altri nel preparare la tavola, e non si spostano sulla tavola già conzata i bicchieri dalla destra – abitudine cafona – per posizionarli al centro. E mai, mentre si cucina, si dovrebbero raccontare ricette simili e migliori o dare consigli: "io ci metto una puntina di estratto...", "hai della fecola di patate?, è proprio quello che ci vuole per addensare la salsa", o peggio: "NON versare l'amido con il cucchiaio, devi passarlo con il colino!". Sono finite delle amicizie, cucinando insieme.

La quarta norma è non chiedere dove si trovano le cose prima di averle cercate e non fare commenti inutili. Se ti serve una paletta, apri il cassetto e cercala. Se ti serve il sale, guardati in giro: sarà in un posto facile da trovare. Se ti serve una pezza ma non la trovi, usa la spugnetta. Se non trovi lo strofinaccio per asciugarti le mani, lasciale bagnate o vai in bagno. Se mentre stendi la tovaglia ti accorgi che c'è un buchino, non dirlo – e non offrirti mai di rammendarlo prontamente.

La quinta norma è non interferire nel lavoro degli altri e non criticare. Mentre le prime quattro si applicano soltanto a chi collabora, la quinta si estende a quanti non partecipano al lavoro ma intervengono al momento da loro considerato opportuno. In genere, sono uomini di mezza età. Ne conosco uno che sa preparare il condimento dell'insalata verde a perfezione, usando un recipiente di plastica tubolare lungo il quale sono indicate le proporzioni dei vari ingredienti; una volta riempito, si chiude con l'apposito coperchio, si scuote per amalgamare bene e il condimento è pronto per essere versato sull'insalata. Questo signore, in casa altrui non riesce ad astenersi dal vantare le virtù del suo tubo e dal dire la sua proprio mentre si condisce l'insalata. È un'abitudine insopportabile, ma ha un'ottima compagna e dunque li invitiamo tutti. (Io comunque non offro insalata, quando lui viene a cena da me.) Un altro si guarda bene dall'entrare in cucina mentre gli altri si affaccendano, ma sta attento e segue l'andirivieni dalla poltrona dove sorseggia il suo vinuzzo; al momento di calare la pasta, si alza con inaspettata prontezza e si unisce alla compagnia. Tutto un sussiego e solerte, comincia con il chiedere che tipo di pasta si debba calare, e quanta; nel frattempo l'acqua continua a bollire, gli altri fremono, e la pasta è già pronta per essere buttata in pentola. Imperterrito e saccente, lui contesta sia la scelta del formato, sia la quantità e imbastisce tutta una teoria sul perché si dovrebbe scegliere un formato diverso e, soprattutto, un quantitativo più abbondante. Non demorde fino a quando non ha piegato gli altri alla sua volontà; poi rimane in cucina, mani in tasca, spalle indietro, a fare la sua consulenza non richiesta sulla cottura e a controllare scolatura e condimento, come un caporale. Quando tutto è fatto, si ritira pomposo come un pavone e lascia che le donne portino in tavola. Anche questo ha una buona moglie, ma gli amici evitano di andare da loro.

Come mangiare

Non è soltanto cosa mangiare ma *come* mangiare che fa parte della nostra cultura.

La maggior parte dell'umanità mangia accovacciata o seduta per terra, usando dita, bastoncini di legno o di osso e, tutt'al più, un cucchiaio. Senza un tavolo su cui appoggiarsi. Nella civiltà occidentale da millenni mangiare a tavola è la norma, uomini e donne insieme. La televisione a poco a poco lo ha reso desueto. Molte famiglie inglesi non posseggono più tavolo da pranzo o sedie: mangiano davanti alla tv su un vassoio e appoggiano i piatti su tavolini e sgabelli, oppure per terra.

Le nazioni europee mangiano e apparecchiano la tavola in modo diverso. In Inghilterra ci si serve dal piatto di portata con un solo cucchiaio o semmai due, il dolce si prende con forchetta e cucchiaio, il formaggio si prende con coltello e mani, i piselli si infilzano sulle punte della forchetta, il pane non si intinge mai nel sughetto e i commensali tengono la mano con cui non mangiano sulla coscia, a meno che non stiano tagliando il cibo. Regole, a prima vista, ai confini dell'irrazionale, ma ciascuna con uno scopo: distinguersi dagli altri. Io ho scelto di amalgamarle secondo il principio che "meno piatti e posate si sporcano e più chiari siamo, meglio è". Dunque, a casa mia mancano il piattino del pane e il burro a tavola, si usa una sola posata per il dolce (all'italiana) e per il formaggio (all'inglese), ma due (forchetta e cucchiaio, all'italiana) per servirsi, e la mano con cui non si mangia riposa sulla tavola, così sappiamo tutti cosa sta facendo. La tavola inglese è apparecchiata in modo diverso, con tre coltelli – uno per la carne, uno per il pane e burro (che sono serviti su un piattino), uno per il formaggio; nessuno per la frutta, che ai pranzi non viene servita e, nel caso, consiste di uva e frutta da piluccare, non da tagliare –, due forchette e un cucchiaio adatto al dessert, a punta, con il disegno dei frutti di bosco ecc.

In Italia e in Inghilterra il modo di comportarsi a tavola tra convitati è identico, perché segue il buon senso, il rispetto per gli altri e la convivialità. Bisogna conversare con il vicino di destra e con quello di sinistra, rivolgersi a chi sembra isolato o a disagio, agevolare il passaggio del piatto di portata, offrire il cibo a chi è vicino prima di servirsene, aiutare i padroni di casa a sparecchiare e, se notiamo che alla nostra pietanza manca sale, pepe, olio o altro è cortese offrirlo prima ai nostri vicini, che presumibilmente condividono la nostra sensazione. Il rispetto per gli altri e la cortesia non conoscono distinzioni di razza e classe sociale. Mangiare in una compagnia che conosce e rispetta buone maniere condivise è gradevolissimo, ma le buone maniere – quando chi le pratica non le ha fatte proprie e le "indossa" come un vestito preso in prestito – possono rivelare nell'intimità un risvolto inquietante.

Comportarsi in modo civile e cortese verso gli altri a tavola è un obbligo universale e di entrambi i sessi e farlo dovrebbe essere naturale, ma queste piccole forme di rispetto verso gli altri sono dimenticate da tutti, sempre più spesso. Il nostro modo di stare a tavola con gli altri è rivelatore della natura di ciascuno di noi. L'impulso è addomesticato dalle buone maniere, ma a volte non riusciamo a resistere all'istinto che "chiama" e che si rivolge alla parte più primitiva di noi: in fondo, è il cibo che garantisce la nostra sopravvivenza.

MENU D'INVERNO

Vellutata di cavolo nero
Strudel di erbette e ricotta
Insalata con frutta
Frutta al cartoccio

Vellutata di cavolo nero
(breve)

È una vellutata creata da mia madre per caso: voleva utilizzare il cavolo nero acquistato per una ribollita che non aveva preparato. La consistenza dura del cavolo viene ammorbidita dal passaverdura e dal frullatore.

Ingredienti (per 4 pp.)

1 cipolla bionda grande, pelata, tagliata a quarti e affettata
    sottile
1 cucchiaio d'olio
1 patata grande farinosa, pelata, tagliata in quarti e a pezzetti
200 g di foglie di cavolo nero, lavate, private dei filamenti più
    fibrosi e tagliate sottili
1 litro di brodo vegetale
pecorino grattugiato per servire
sale e pepe

1. Riscaldare 1 cucchiaio d'olio in una pentola e soffriggere la cipolla a fuoco dolce con un pizzico di sale per almeno 5 minuti.

2. Aggiungere la patata, mescolare con un cucchiaio di legno e rosolare per qualche minuto. Incorporare il cavolo nero, saltare per 3-4 minuti a fuoco medio rimestando con il cucchiaio di legno in modo che non si attacchino al fondo.

3. Versare il brodo bollente, rimestare e cuocere a fuoco basso per 30 minuti, con coperchio.

4. Passare la minestra nel passaverdura – disco a fori sottili –, versarla di nuovo nella pentola e frullare con il frullatore a immersione.

5. Servire con un filo d'olio e del pecorino.

Tocco finale Servire in ciotole di coccio o fondine bianche, per un maggior effetto cromatico.

Strudel di erbette e ricotta
(lunga)

Lo strudel – parola tedesca che significa "vortice" – è un tradizionale dolce austriaco arrotolato, per l'appunto, con un leggerissimo involucro di pasta contenente un ripieno solitamente a base di mele e uvetta. Qui utilizzo pasta sfoglia già pronta e un ripieno salato, a base di erbette e ricotta. L'uva sultanina è un'eredità austroungarica nella cucina milanese: spesso si unisce agli spinaci saltati in padella.

Ingredienti (per 8 pp.)

375 g di pasta sfoglia già pronta

Per il ripieno
2 cucchiai di uva sultanina
50 g di pinoli

2 cucchiai d'olio
1 cipolla bionda grande, pelata, tagliata a metà e affettata sottile
700 g di erbette (oppure di spinaci freschi)
250 g di ricotta fresca
60 g di parmigiano grattugiato
3 tuorli (2 nel ripieno, uno da spalmare sullo strudel)
90 g di Emmental tagliato a dadini
noce moscata
farina per stendere la pasta
sale e pepe

1. Mettere l'uva sultanina in una ciotola con acqua tiepida e lasciarla ammorbidire per 20 minuti. Scolare e asciugare con carta da cucina.

2. Saltare i pinoli a fuoco medio per circa 5 minuti in una piccola padella antiaderente, senza aggiunta di grassi e mescolando continuamente con un cucchiaio di legno fino a quando iniziano a imbiondirsi uniformemente. Togliere dal fuoco e mettere immediatamente in una ciotola, altrimenti continuano a cuocere.

3. In una grande padella antiaderente, riscaldare l'olio e soffriggere la cipolla con un pizzico di sale a fuoco molto basso per 10 minuti.

4. Lavare le erbette, scolarle, eliminare i gambi più duri, tagliare grossolanamente e aggiungere alla cipolla. Cuocere a fuoco medio per 4-5 minuti, fino a quando appassiscono e si asciugano, mescolando di tanto in tanto con un cucchiaio di legno. Salare.

5. Trasferire erbette e cipolla in una ciotola capiente e lasciare raffreddare. Con l'aiuto di una forchetta, incorporare la ricotta, il parmigiano, la noce moscata, 2 tuorli e l'Emmental. Assaggiare e aggiustare di sale e pepe.

6. Preriscaldare il forno a 180 °C con ventola.

7. Ricoprire un tagliere grande con carta da forno. Infarinare, adagiarvi la pasta sfoglia e tirarla molto sottile con il mat-

terello infarinato fino a ottenere un rettangolo di 30 cm x 55 cm. Anche se si utilizza la pasta già tirata, è essenziale renderla ancora più sottile.

8. Ricoprire la sfoglia con il composto di erbette e formaggi, lasciando libero un bordo di 1 cm tutto intorno. Cospargere con pinoli e uvetta.

9. Con l'aiuto della carta da forno, arrotolare la pasta su se stessa, premendo bene, fino a ottenere una forma allungata. Sigillare le estremità con le dita, per impedire che esca il ripieno, e adagiare su una placca da forno.

10. Sbattere il tuorlo con la forchetta e spennellarlo sullo strudel.

11. Infornare e cuocere per circa 1 ora, fino a che la pasta diventa dorata.

12. Lasciare raffreddare per almeno 15 minuti prima di affettare e servire.

Insalata con frutta
(breve)

Suggerimento Si abbina con l'aceto di mele.

Ingredienti (per 4 pp.)

200 g di indivia (circa 2 cespi)
200 g di radicchio tardivo da mondare (oppure di radicchio di Verona)
1 mela media Granny Smith
1 cucchiaino di fior di sale
1 cucchiaio di aceto di mele
3 cucchiai d'olio
1 cucchiaino di senape in grani

1. Mondare l'indivia, lavarla e asciugarla nella centrifuga. Tagliarla a rondelle sottili e disporla in un'insalatiera.

2. Mondare il radicchio, lavarlo e asciugarlo nella centrifuga. Tagliarlo sottile e aggiungerlo all'indivia.

3. Sbucciare la mela, tagliarla in quarti, eliminare il torsolo e affettare gli spicchi sottili in orizzontale. Aggiungerli alle verdure.

4. Emulsionare la vinaigrette (vedi p. 161) in un barattolo di vetro e condire al momento di servire, mescolando con cura.

Frutta al cartoccio
(lunga)

È una macedonia invernale calda, un misto di frutta fresca e secca marinata nel vino dolce e poi cotta al forno. Il pepe nero, macinato fresco, è essenziale: stempera il dolce del vino e della frutta.

Ingredienti (per 4 pp.)

500 g di frutta secca mista a piacere (albicocche, prugne, uvetta)
200 ml di vino dolce, tipo Marsala o Porto
1 baccello di vaniglia
2 cucchiai abbondanti di mandorle in scaglie
2 arance non trattate, con buccia
2 mele, tipo Gala o Golden, con buccia
6-7 foglie di menta fresca più alcune foglie per guarnire
2 cucchiai abbondanti di zucchero grezzo
1 cucchiaino di pepe nero macinato
gelato di vaniglia (facoltativo)

1. In una ciotola capiente, marinare la frutta secca nel vino diluito con 50 ml di acqua bollente. Unire il baccello di vaniglia, tagliato in orizzontale, e lasciare riposare per almeno due ore in modo che i sapori si combinino tra loro.

2. Preriscaldare il forno a 200 °C con ventola.

3. Fare imbiondire le mandorle in una piccola padella antiaderente a fuoco medio-alto, senza l'aggiunta di grassi. Ci vogliono 4-5 minuti. Rimestare spesso con un cucchiaio di legno in modo che cuociano uniformemente. Appena si colorano, toglierle dal fuoco e raccoglierle in una ciotola. Non lasciarle nella padella, altrimenti continuano a cuocere e rischiano di bruciare anche a fuoco spento.

4. Lavare le due arance, tagliarle verticalmente in quarti e poi a metà.

5. Lavare le mele, tagliarle in quarti, eliminare il torsolo e tagliare ciascun quarto in due o tre spicchi.

6. Aggiungere la frutta fresca a quella secca insieme alle mandorle, la menta, lo zucchero grezzo, il pepe nero e mescolare con il vino della marinatura.

7. Dividere la frutta in quattro porzioni e impacchettare ciascuna con carta da forno, chiudendo bene. Sistemare i pacchetti sulla placca da forno e cuocere per 20 minuti. Se si cuoce in un solo pacchetto, calcolare 30 minuti di forno.

8. Sfornare, aprire e servire caldo, guarnito con piccole foglie di menta fresca e, se si desidera, una pallina di gelato di vaniglia.

6.

L'appagamento dei sensi

Considero come certo che il gusto produce sensazioni di tre specie diverse: la sensazione *diretta*, la sensazione *completa* e la sensazione *riflessa*.

La sensazione *diretta* è la prima impressione che nasce dal lavoro immediato degli organi della bocca, mentre il corpo da apprezzare è ancora sulla parte anteriore della lingua.

La sensazione *completa* è quella che si compone di questa prima impressione e di quella che nasce quando il cibo abbandona la prima posizione, passa nel retrobocca e colpisce tutto l'organo con il sapore e con il profumo.

La sensazione *riflessa*, infine, è il giudizio dell'anima sulle impressioni che l'organo le ha trasmesso.

JEAN-ANTHELME BRILLAT-SAVARIN, *Fisiologia del gusto o Meditazioni di gastronomia trascendente*, Meditazione II, p. 50.

Il colore in cucina

Martino da Como è un pittore gastronomico. Famoso cuoco del XV secolo, scrisse il primo libro di ricette in volgare, il *De arte coquinaria*, dove fa ampio uso del colore con una tavolozza tutta commestibile: crea il bianco con le mandorle, la chiara d'uovo e la mollica di pane bianco; il giallo con lo zafferano o il tuorlo d'uovo; il verde con le biete, il prezzemolo e le foglie del grano, mentre il rosso con l'uva o la cannella e il celeste con le more selvatiche. Le sue ricette sembrano un racconto. Maestro Martino è un cuoco impreciso ma immaginifico: le indicazioni delle quantità sono approssimative, e ancor più vaghe quelle dei tempi di cottura, in compenso le descrizioni degli ingredienti e dei piatti sono potentemente evocative. Secondo lui, il colore in cucina non è un capriccio estetico ma un essenziale elemento del gusto. Per questo lo introduce in numerose portate e spesso lo inserisce nel titolo stesso delle sue ricette, in particolare quando si tratta di minestre e salse. La *Minestra di brodetto biancho*, per esempio, è una crema candida a base di mandorle pestate nel mortaio insieme al bianco d'uovo e alla mollica di pane bianco, il tutto passato al setaccio e diluito con brodo di carne e agresto – il mosto della prima uva, raccolta ancora acerba –, cotto a fuoco dolce e rimestato a lungo fino ad addensarsi. Anche la *Minestra de vivanda gialla* è una vellutata, gialla grazie ai tuorli d'uovo e allo zafferano mescolati a carne tenera bianca, di volatile – bollito o arrostito. Gli ingredienti sono pestati finemente nel mortaio insieme a mandorle, zenzero, zucchero, cannella e poco agresto – l'agrodolce era il gusto dominante nella gastronomia del tempo e ciascuno regolava a piacere l'acidità o la dolcezza dei piatti –, passati al setaccio e quindi stemperati nel brodo di carne per poi essere cotti e rimestati lentamente con un cucchiaio. Condita con strutto o burro fresco insieme a spezie dolci, la crema diviene una pietanza nutriente, liscia e densa quasi come un colore a olio. Per Maestro Martino perfino le minestre in brodo sono variopinte – bianche, verdi, gialle o più di rado rosse –, e servite con ingredienti colorati come gli *Zenzerelli* – una specie di stracciatella con uovo e formaggio – o i *Bocchoncelli* – gnocchetti grandi come una fava a base di uova, formaggio e pan grattato.

Ma è nelle salse che accompagnano carni e pesci che l'inventiva cromatica del famoso cuoco di Como si accende, fino a trasformare il colore in gusto, come nel *Sapor biancho* – una salsa agrodolce per insaporire e colorare il lesso – a base di mandorle pestate nel mortaio, mollica di pane bianco, zenzero, limone e zucchero. Meglio eliminare quasi completamente lo zucchero e improvvisare le quantità degli ingredienti, per essere fedeli al metodo del cuoco che l'ha inventata. Era un'alternativa alla *Salsa verde* – a base di prezzemolo, agra ma non dolce. Ancora oggi la serviamo con il bollito, ma con una leggera modifica che la rende meno esotica: l'acciuga al posto dello zenzero. Una tra le ricette più belle e originali è il *Sapor celeste de estate*, una salsa agrodolce per carne o pesce, ottenuta con more selvatiche raccolte nelle frasche, dolci per il sole dell'estate, e pestate nel mortaio insieme a mandorle candide, zenzero bianco e qualche goccia di agresto: una poesia colorata, come il suo nome.

Maestro Martino dipinge con spezie e ingredienti prelibati le ricche tavole rinascimentali, mentre saranno i prodotti "americani" – giunti in Europa nel XVI secolo – a colorare e arricchire i piatti della cucina povera. I nuovi ingredienti rallegreranno la tavola portando colori naturali come il rosso del pomodoro e del peperoncino, il verde, il giallo e il rosso del peperone, il giallo del mais e il bianco delle patate e dei fagioli, per diventare poi i sapori e i colori fondamentali della cucina italiana più tradizionale.

Il colore del cibo è una riscoperta recente. Una volta non ci si badava, si apprezzava ma non si preparava il cibo a partire dal colore: esistono classiche ricette colorate – il risotto giallo o al nero di seppia, la salsa verde o il biancomangiare –, ma si cucinano da sempre in quanto piatti tradizionali, dove il colore è accessorio. Solo il concentrato di pomodoro veniva aggiunto alla minestra di fagioli o alle scaloppine al burro per dare un po' di colore.

Colore e sapore tornano a essere inseparabili e ci si può divertire combinandoli tra loro.

Le minestre variopinte

Nelle vellutate monocromatiche il colore è potente, purissimo, e diventa gusto, senza alcuna distrazione. Sono veloci e leggere le vellutate, sempre profumatissime. Quella di cavolo nero, una pianta molto originale per forma, colore e gusto, è particolarmente saporita. Il cavolo nero è detto anche cavolo "senza testa" perché non forma una testa di foglie o una palla di fiori immaturi, come la maggior parte dei cavoli, ma ha solo foglie arricciate che si innestano su un fusto eretto, disposte come le fronde di una palma o come lunghe penne. Il colore è magnifico, inusuale per una verdura: un verde scuro, profondo, con un tocco di blu, come il bosco di notte – per questo si dice "nero". Il sapore è forte e pungente, ma con un retrogusto dolce. Cresce in inverno e dà il meglio dopo le prime gelate, quando le foglie si arricciano e diventano più tenere. Coltivato perlopiù in Toscana, nelle minestre fa da comparsa insieme ad altre verdure – come nella ribollita –, o è accompagnato da altri ingredienti, come i cannellini, che ne attenuano il colore. Nella vellutata diventa invece protagonista assoluto e inconfondibile.

Sinfonie di colori e sapori: le insalate

Il gusto non è tanto riccamente dotato quanto l'udito: quest'ultimo può sentire e paragonare più suoni a un tempo; il gusto invece agisce in modo semplice, ossia non può essere impressionato allo stesso tempo da due sapori.

Ma può essere doppio e anche multiplo per successione [...].

Coloro che mangiano in fretta e senza attenzione non discernono le sensazioni di secondo grado; esse sono appannaggio esclusivo di un piccolo numero di eletti; ed è per mezzo loro che si possono classificare, in ordine di eccellenza, le diverse sostanze sottoposte al loro esame.

JEAN-ANTHELME BRILLAT-SAVARIN, *Fisiologia del gusto o Meditazioni di gastronomia trascendente*, Meditazione II, p. 51.

Scegliere e abbinare i colori nella preparazione delle ricette amplifica le delizie della tavola. Si può partire dalle semplici insalate: "Ecco l'insalata. Ne raccomando l'uso a tutti quelli che si fidano di me; l'insalata rinfresca senza indebolire e rallegra senza irritare; io sono solito dire che ringiovanisce" (ancora il Nostro).

Tutte sono colorate ma non tutte sono belle, le insalate di verdure – crude, cotte o mescolate che siano. Quelle verdi possono diventare noiose o banali, come la lattuga o la scarola, che stancano subito, prima ancora di arrivare nel piatto. Ma il songino o la rucola, si impongono anche da sole per la forma particolare e il gusto deciso. Basta d'altro canto solo un po' di fantasia per creare un'insalata attraente. Intanto, il colore. Una punta di rosso – pomodoro, barbabietola, ravanello, chicchi di melagrana – rende subito più appetitosa l'insalata verde e le dà corpo. L'aggiunta di una piccola zucchina molto fresca e di una carota, entrambe crude, tagliate a strisce sottili con il pelapatate, in verticale, come fossero nastri, danno all'insalata il dolce e il croccante insieme, e sono belle. Per abbinare crudo e cotto, seguire qualche accorgimento non guasta: si escludono le insalate troppo leggere, tipo lattuga o lattughino, che verrebbero schiacciate dal peso delle verdure cotte. Perfetti, invece, crescione, spinaci crudi e la stessa rucola.

Per conservare la consistenza croccante e il verde brillante delle verdure cotte – asparagi, fagiolini, taccole, zucchine –, bisogna immergerle brevemente in una pentola con acqua bollente salata, senza coperchio; poi scolarle e passarle velocemente sotto l'acqua fredda del rubinetto.

Il condimento si prepara a parte e ogni cuoco può sbizzarrirsi con le proprie aggiunte: una punta di senape, maionese, latte, panna o yogurt.

Colore e consistenza

Una buona e bella insalata coinvolge insieme e separatamente vista, tatto, gusto e odorato. Nell'abbinare i colori è fondamentale considerare anche la consistenza degli ingredienti, che contribuisce a formare il gusto. Un'insalata d'inverno con barbabietola cruda, cavolo e radicchio rosso, tutto tagliato molto fine, ha un'armonia cromatica di grande effetto, ma anche una combinazione di sapori e consistenze diverse: dal dolce scricchiolante della barbabietola all'amarognolo morbido del radicchio, attraverso il pungente croccante del cavolo. Una manciata di uva sultanina, tenera e dolce, amalgama tutto. L'armonia del taglio delle verdure, verticale e sottile, lega gli ingredienti tra loro.

Insalata con frutta

L'insalata si abbina perfettamente anche con la frutta. L'indivia, o insalata belga, insieme alla mela è una delicata combinazione di amaro e dolce, con due diversi tipi di consistenza. Si condisce con aceto di mele, olio e una punta di senape. Per addolcire e smorzare il croccante si può aggiungere una cucchiaiata di uva sultanina.

Gli spinaci crudi, quelli piccoli, verde scuro e carnosi, stanno benissimo con le pesche gialle, mature, sugose, tagliate a spicchi e mescolate con listarelle di prosciutto crudo dolce. Condita con il limone, questa è una perfetta insalata estiva.

Songino con uva bianca e nera e carote a rondelle sottili, conditi con un misto di aceto di vino bianco e balsamico, sono una dolce insalata autunnale.

Le insalate possono cambiare ogni giorno: basta lasciarsi guidare dagli ingredienti e provare.

Insalata di frutta

L'insalata di frutta, detta anche macedonia perché è una composizione d'ingredienti diversi come le popolazioni che abitavano la Macedonia ai tempi di Alessandro Magno, è un fine pasto per ogni stagione, dolce e leggero, dove il colore ha un ruolo essenziale. Triste è la macedonia invernale di pere, mele, banane e arancia. Ha poco colore. Ci vuole qualcosa in più per ravvivarla: della melagrana, un kiwi, un mango, o frutti di bosco come more e lamponi. L'aggiunta di pinoli o nocciole insieme a frutta secca e a qualche foglia di menta la rende ancor più particolare. L'uva ci sta bene in autunno. D'estate, con la varietà e la qualità di frutta a disposizione la macedonia è un gioco.

Per non ossidare banane, pere e mele si può usare un coltello di ceramica o versare del succo di limone sulla frutta appena tagliata. (Non troppo, altrimenti diventa prepotente e "ammazza" le sfumature del dolce.)

La macedonia troppo dolce è stucchevole: non aggiungo mai lo zucchero, ce n'è abbastanza nella frutta, ma se la servo a soli adulti la bagno con del vino dolce, tipo Porto, e unisco un pizzico di pepe.

Cucinare con i fiori

Usati nell'antichità e nel Medioevo per profumare, insaporire e abbellire bevande e vivande, all'inizio del Novecento i fiori venivano canditi per abbellire torte, semifreddi e gelati. La tecnica era quella dell'essiccazione, usata ancora oggi: si passa la rosa o la violetta di Parma nell'albume e poi nello zucchero semolato; si inforna quindi per qualche minuto, ottenendo un fiore candito che sembra appena colto, brinato.

Oggi i fiori tornano di moda in tutto il loro splendore. Il

nostro repertorio floreale in cucina si arricchisce: non ci sono solo le violette, il fiore di zucca e il carciofo – i fiori che mangiamo abitualmente, canditi, crudi o cucinati in vari modi –, ma svariati petali capaci di aromatizzare e colorare i nostri piatti, dal dente di leone alla lavanda, dalla margherita al nasturzio, dalla magnolia al geranio odoroso. Non si trovano, però, dal fruttivendolo o dal fioraio: bisogna raccoglierli nei prati o coltivarli in giardino, perché siano privi di pesticidi e concimi chimici. Tra i fiori più saporiti, il glicine, l'acacia e il sambuco. Sono buoni anche i fiori da frutto, ma cogliendoli si sacrifica, per l'appunto, il frutto ed è un vero peccato. Meglio orientarsi sui fiori ornamentali.

Quando si impara che alcuni non sono adatti e altri (come l'oleandro, il mughetto e l'azalea) sono addirittura velenosi, cucinare con i fiori diventa un'avventura botanica che impreziosisce il piatto. Si raccolgono durante un'escursione, una passeggiata in campagna o nei giardini degli amici, e si possono coltivare su davanzali, terrazzi e giardini di casa.

I fiori si mangiano freschi: un risotto giallo con petali di rosa rossa o margherite di campo, le piccatine al limone che diventano azzurro cielo con fiori di rosmarino e salvia o il carpaccio multicolore con nasturzio e primule sono solo assaggi di quello che si può cucinare e insieme abbellire con i fiori.

Io ho cominciato a cucinare con i fiori utilizzando quelli delle erbe aromatiche del mio terrazzo. I fiori di salvia, rosmarino e timo sono profumati e saporiti ma anche magnifici nel piatto. Aspetto con ansia che rifioriscano per usarli di nuovo – per esempio, per ricoprire palline di caprino morbido da servire con insalata verde mista. Nelle domeniche di primavera o inizio estate, al mattino, quando i fiori si aprono, passeggio ad Hampstead o a Richmond alla ricerca di fiori commestibili appena sbocciati. Con grande gioia del mio cane. Colgo i dolci fiori di lavanda o di glicine, le margherite carnose e un po' aspre, le primule coloratissime ma quasi insapori e i nasturzi gialli e pepati e li conservo in un panno umido. A casa li abbino alle insalate, quelle verdi e miste, ma anche a polpette di carne e di pesce e a marmellate casalinghe di fragole, limone o albicocche. Le rose, pochissime, le colgo in terrazzo, soprattutto quelle rosso scuro, profumate e dolci. I petali, aggiunti alla fine del risotto giallo o in una salsa dolce da accompagnare a una torta di cioccolato, sono un trionfo di bellezza e bontà.

MENU D'AUTUNNO

Zuppa con pomodori al forno
Torta salata di zucca Butternut e porri
Insalata di spinaci, carote e uva
Mele caramellate e frutti di bosco in crosta

Zuppa con pomodori al forno
(lunga)

La cottura al forno esalta il gusto anche dei pomodori meno prelibati. Basta cuocerli a lungo e a bassa temperatura, con aggiunta di olio, origano, aglio e sale: si elimina l'acqua e si intensifica il gusto.

Diventano ottimi per condire la pasta e i cereali, ma anche per una minestra.

Suggerimenti È importante scegliere pomodori molto maturi o farli maturare in cucina a temperatura ambiente, mai nel frigo.

Infornare quantità abbondanti di pomodori consente poi di conservarli in frigo per due o tre giorni, pronti per l'uso.

Ingredienti (per 4-5 pp.)

1 kg di pomodori maturi (perini o ramati)
4 cucchiai d'olio
4 spicchi d'aglio, pelati e sminuzzati
1 cucchiaio d'origano

2 cipolle rosse grandi, pelate, tagliate in quarti e affettate sottili
2 carote spuntate, pelate, tagliate in quarti e a pezzetti
2 coste di sedano lavate, pelate e tagliate sottili
600 ml di brodo di verdura
una decina di gambi di prezzemolo tagliati a pezzetti
una manciata di foglie di prezzemolo tritate
parmigiano grattugiato per servire
sale e pepe

1. Preriscaldare il forno a 160 °C con ventola.
2. Lavare e tagliare a metà i pomodori. Ricoprire una teglia (circa 20 cm x 30 cm) con carta da forno e adagiarvi i pomodori con la parte tagliata rivolta verso l'alto. Salare, cospargere con l'origano e l'aglio. Condire con due cucchiai d'olio e infornare per 45 minuti. Sfornare.
3. Nel frattempo, riscaldare in una pentola un cucchiaio d'olio e far appassire le cipolle per 10 minuti a fuoco molto basso, con un pizzico di sale. Aggiungere carote e sedano e cuocere per 20 minuti sempre a fuoco basso, con coperchio, rimestando di tanto in tanto.
4. Aggiungere i pomodori alle verdure. Mescolare.
5. Coprire le verdure con il brodo bollente e unire i gambi del prezzemolo. Cuocere a fuoco basso per 30 minuti con coperchio. Aggiungere il prezzemolo tritato solo alla fine. Regolare di sale.
6. Con un frullatore a immersione si può frullare la minestra fino a ottenere la densità preferita.
7. Servire con un filo d'olio crudo e una spolverata di parmigiano grattugiato.

Tocco finale Un cucchiaio di crème fraîche o panna liquida ci sta molto bene.

Torta salata di zucca Butternut e porri
(lunga)

La zucca Butternut è una varietà molto diffusa nel mondo anglosassone. Simile a una grande pera, misura dai 20 ai 30 cm di lunghezza e dai 10 ai 13 cm di diametro. La buccia è sottile e quando la zucca è matura è di un arancio pallido. La polpa ha un gusto delicatamente dolce, meno forte rispetto alla zucca nostrana. Se non si trova, si può sostituire con quella tradizionale. La torta avrà un sapore più deciso.

Ingredienti (per 8 pp.)

Per la pasta brisée
250 g di farina bianca 00
un pizzico di sale
125 g di burro a pezzi, freddo di frigorifero
1 uovo
2 cucchiai di acqua ghiacciata (da ottenere mettendo del ghiaccio in una bacinella con un po' d'acqua e prelevando quindi la quantità di liquido desiderato)
farina per stendere la pasta
1 manciata di legumi secchi per la cottura "in bianco"

Per il ripieno
750 g di zucca Butternut (oppure nostrana)
2 cucchiai d'olio
1 cucchiaio di foglie di timo fresco
20 g di burro
2 porri medi, spuntati, senza le foglie esterne, lavati e tagliati a rondelle
2 uova
150 ml di crème fraîche o panna

60 ml di latte
1 manciata di foglie di prezzemolo tritate fini
100 g di gruviera grattugiato
noce moscata
sale e pepe

Pasta brisée

1. Per preparare la pasta in casa, inserire nel robot da cucina farina, sale e burro e amalgamare. (Il burro dev'essere freddo per sciogliersi lentamente nella cottura e mantenere la pasta morbida.) Aggiungere uovo e acqua fino a formare una pasta omogenea. Estrarre, impastare velocemente con le mani per 2 minuti su un piano leggermente infarinato, possibilmente di marmo, avvolgere nella pellicola e mettere in frigorifero per 45 minuti. Altrimenti, impastare velocemente a mano, iniziando ad amalgamare burro e farina per poi aggiungere gli altri ingredienti.

2. Preriscaldare il forno a 180 °C con ventola.

3. Estrarre la brisée dal frigo. Su un piano di lavoro infarinato, impastarla di nuovo velocemente e con il matterello stenderla a forma circolare, spessa non più di 1 cm.

Ripieno

1. Con un coltello grande e pesante, su un tagliere, dividere a metà la zucca Butternut nel senso della lunghezza ed eliminare i semi con un cucchiaio. Condire con 1 cucchiaio d'olio e un pizzico di sale e pepe e cospargere con la metà delle foglie di timo.

2. Foderare una teglia con carta da forno. Adagiarvi la zucca con la polpa rivolta verso il basso e infornare per 25-30 minuti. La zucca è cotta quando una forchetta penetra facilmente nella polpa.

3. Lasciare raffreddare, sbucciare, tagliare a pezzetti e frullare nel robot da cucina insieme al timo rimasto, fino a ottenere una crema.

4. Nel frattempo, riscaldare un cucchiaio d'olio insieme al burro in una grande padella antiaderente e soffriggere i porri con un pizzico di sale a fuoco basso, coperti, per 25-30 minuti. Controllare che non attacchino, se necessario aggiungere 1 o 2 cucchiai di acqua bollente.

5. In una ciotola grande, dai bordi alti, mescolare le uova, la crème fraîche o la panna, il latte e la noce moscata con un frullatore a immersione. Aggiungere la zucca e continuare a sbattere.

6. Con una spatola, incorporare i porri, il formaggio e il prezzemolo.

1. Imburrare e infarinare una tortiera antiaderente (24 cm di diametro), con fondo mobile.

2. Arrotolare la pasta sul matterello infarinato e srotolarla sulla tortiera. Appiattirla con le mani, facendola aderire ai bordi. Tagliare la pasta in eccesso.

3. Foderare la base della brisée con un cerchio di carta da forno della misura della tortiera e riempire con legumi secchi per la cottura "in bianco". Infornare per 20 minuti. Sformare e togliere con la carta i legumi.

4. Riempire la base della torta con il composto di zucca e porri e infornare per circa 40 minuti, fino a quando diventa bionda in superficie.

5. Sformare e lasciare raffreddare per 20 minuti. Trasferire su un piatto di portata e servire tiepida.

Insalata di spinaci, carote e uva
(breve)

Ingredienti (per 4 pp.)

400 g di spinaci novelli a foglia carnosa da pulire (oppure 250 g già puliti)

1 carota media, mondata
100 g di uva bianca
1 cucchiaino di fior di sale
1 cucchiaio di succo di limone fresco
3 cucchiai d'olio
1 cucchiaino di senape

1. Lavare gli spinaci, mondarli se necessario e asciugarli nella centrifuga. Metterli in un'insalatiera.
2. Con il pelapatate, pelare la carota e continuare ad affettarla a strisce sottili verticali, come dei nastri. Aggiungerle agli spinaci.
3. Lavare l'uva, con un coltellino affilato tagliare gli acini a metà ed eliminare i semi. Aggiungere agli spinaci.
4. Emulsionare i condimenti, iniziando da limone e sale, e condire al momento di servire. Mescolare con posate di legno.

Mele caramellate e frutti di bosco in crosta
(lunga)

Ingredienti (per 6 pp.)

Per la pasta frolla
100 g di burro a pezzetti freddo di frigorifero
100 g di zucchero semolato
200 g di farina bianca
3 tuorli d'uovo
la scorza di 1 limone non trattato
farina per stendere la pasta

Per il ripieno
800 g di mele Gala o Golden
3 cucchiai di zucchero semolato

3 cucchiai d'acqua
1 cucchiaino di cannella in polvere
1 cucchiaino di succo di limone
100 g di more
100 g di lamponi
una noce di burro

Per accompagnare
150 ml di panna liquida o gelato di vaniglia (facoltativi)

Pasta frolla

Preparare la pasta frolla nel robot da cucina, amalgamando nell'ordine burro, zucchero, farina, i tuorli d'uovo e la scorza di limone grattugiata. Altrimenti, impastare velocemente a mano, iniziando ad amalgamare burro e zucchero per poi aggiungere gli altri ingredienti. Formare una palla, avvolgerla nella pellicola e lasciarla riposare in frigo per 30 minuti.

Ripieno

1. Sbucciare le mele, tagliarle in quarti, eliminare il torsolo e tagliare ogni quarto a metà in orizzontale.

2. In una pentola con manico fare sciogliere lo zucchero a fuoco medio con 3 cucchiai di acqua e mescolare con un cucchiaio di legno. Abbassare il fuoco e farlo caramellare senza più mescolare. Quando inizia a formare una schiuma in superficie, lasciare imbiondire per 2 minuti e aggiungere le mele. Cuocere a fuoco medio per 5-8 minuti, rimestando di frequente con un cucchiaio di legno. Unire cannella e succo di limone, mescolare e togliere dal fuoco.

1. Preriscaldare il forno a 180°C con ventola.

2. Imburrare una pirofila rotonda (24 cm di diametro) con bordi alti (2-3 cm), sistemare le mele caramellate sul fondo e cospargerle con i frutti di bosco.

3. Infarinare un piano di lavoro e stendere la pasta con il matterello infarinato, tirandola sottile in forma circolare, del diametro di circa 26 cm.

4. Arrotolare la pasta sul matterello infarinato, srotolarla sulla frutta, appiattirla con le mani e sigillare i bordi. Punzecchiare con una forchetta.

5. Infornare per 30-35 minuti, fino a quando la superficie diventa uniformemente dorata. Sfornare.

6. Lasciare raffreddare e servire tiepida con panna liquida o gelato di vaniglia.

7.

I cento anni di zia Maria

È mio cugino Guido a lanciare l'idea: "Il 12 ottobre 2006, perché non celebrare a Milano i cento anni di zia Maria con una festa grande?". Tutti entusiasti: siamo quindici cugini, più le famiglie, tanti. Dobbiamo decidere insieme il menu, rigorosamente composto dai piatti della zia, depositaria della storia culinaria famigliare.

Riservata e discreta, zia Maria non si sposò e visse nella casa paterna con la madre e i due fratelli scapoli. Alla morte della madre, i tre si trasferirono in un appartamento sullo stesso pianerottolo della sorella Anna, sposata e con quattro figli, in via Ippolito Nievo. Così usava un tempo, e così avvenne nella famiglia di mio padre, penultimo di otto fratelli (due dei quali morti in giovane età) rimasti presto orfani di padre, dopo la Grande guerra. Zio Nino, il maggiore, interruppe gli studi e rinunciò a farsi una famiglia per mantenere i fratelli minori e consentire loro di studiare. Si avviò nella professione del padre, commerciante di formaggi, che esercitò con dedizione e successo. Grazie a lui zio Bepi, appassionato studioso di letteratura cristiana antica, ebbe l'opportunità d'intraprendere la carriera accademica, mentre zio Agostino dopo la maturità ebbe un buon posto in banca e mise le basi di una grande famiglia. Mio padre, infine, si diplomò in ragioneria e cominciò subito a lavorare per pagarsi i corsi serali all'università Bocconi.

Grande fu sempre la gratitudine dei fratelli per Nino. Anche zia Maria scelse di non sposarsi per aiutare in casa: anche lei accolse il destino – la vedovanza precoce della madre, l'essere la sorella maggiore di una famiglia numerosa – senza riserve. Donna di gran fede, era convinta che la sua vita facesse parte di un disegno più grande e vi si affidò, trovandovi uno spazio e un ruolo. Divenne così un riferimento affettivo importante per nipoti e cognate, con naturalezza. Naturale, infatti, sembrava a noi nipoti vivere in una famiglia allargata, dove gli zii non sposati vivevano insieme e ci accompagnavano nella crescita con affettuosa partecipazione.

Zia Maria aveva un'eleganza antica e sobria. Senza trucco, neanche un velo di rossetto, portava da sempre i capelli raccolti in uno chignon, una pettinatura che metteva in risalto i lineamenti regolari ed esprimeva la femminilità discreta di donna schiva. Gli occhi neri sembravano più grandi quando cominciò a portare gli occhiali, con le lenti bifocali che disegnavano una mezzaluna. L'unico gioiello che indossava sempre era un filo di perle: d'inverno su golfini dai colori classici – dal beige al marrone; d'estate, su camicette chiare che le davano luce al volto.

Zia Maria non voleva che i nipoti di via Nievo fossero privilegiati: voleva stare con noi e aiutare anche noi nei compiti, come faceva con gli altri. Veniva quindi a trovarci regolarmente: prendeva il tram e arrivava a metà pomeriggio, per il tè, il nostro rito collettivo. D'inverno, indossava l'immancabile cappello: lo toglieva in ingresso, con delicatezza, aggiustandosi le forcine nei capelli con gesti misurati e sicuri, che non avevano bisogno di specchio. Noi ce la contendevamo, ma non era necessario. Donna colta, ci seguiva in francese – l'inglese era la lingua della modernità, che non le apparteneva –, italiano, latino, storia e geografia, matematica. Aveva la pazienza dell'ascolto ed era indulgente: secondo lei sapevamo sempre abbastanza. Ci rassicurava.

Le sue visite erano sempre troppo brevi; ci dispiaceva vederla andare via nel buio, eretta, inconfondibile con quel suo passo lento.

In cucina, zia Maria dava il meglio di sé. Preparava ricette tradizionali milanesi, quelle che aveva visto cucinare fin da bambina e che riproponeva con notevole abilità. Dal risotto giallo alle costolette, quelle con l'osso; dalle piccatine agli arrosti o agli stufati, spesso accompagnati dal purè o dalle patate al forno, tagliate piccole, a dadini regolari e sempre croccanti al punto giusto: non bastavano mai. La sua era una cucina casalinga, estremamente raffinata nella scelta di ingredienti di prim'ordine e nell'esecuzione curata. Lei faceva la spesa, compilava i menu, preparava i piatti della quotidianità e della festa insieme a Gertrude, aiuto domestico per oltre trent'anni. Il punto debole di zia Maria era la pastasciutta: la cuoceva sempre troppo, come accade spesso a Milano, dove il risotto è al dente e all'onda mentre la pasta è spesso scotta e molto asciutta. Ma forse questo è un tratto d'altri tempi.

Di sera, zia Maria preparava la minestra, come vuole la tradizione lombarda: riso in brodo con prezzemolo, minestrone, passato di verdura o una semplice pastina in brodo. Tutto spolverato di abbondante parmigiano. La sua frittura piccata, servita con purè di patate, differiva da quella tradizionale milanese: per una caratteristica singolare, le fettine di fesa di vitello, tagliate sottili e infarinate, venivano saltate nel burro dove però erano stati sciolti dei filetti di acciughe sotto sale. Un piatto squisito, che ancora oggi cucino spesso. In genere era la frutta fresca a chiudere il pasto quotidiano. I dolci erano per le occasioni speciali.

Il pâté, avvolto nella gelatina trasparente e traballante, introduceva i ravioli in brodo, acquistati freschi dal salumiere e spesso seguiti dal manzo alla California – il nome è esotico, ma in realtà viene da una località vicino a Monza rinomata per il suo stracotto al latte – con le patate al forno. Per finire, un dolce al cucchiaio: crème caramel o crema di mascarpone, secondo la stagione, perché una volta il mascarpone – giallo, denso, dolce – si produceva solo d'inverno. Queste erano le prelibatezze della domenica sera in casa della nonna Angela in via Meda. Ci andavamo a turno, non c'era spazio per riunirci tutti. Ricordo la tavola grande, rettangolare, apparecchiata con la cura che accende il piacere della convivialità: tovaglie chiare, senza una piega; piatti di porcellana bianca con un sottile bordo dorato, luccicante; posate d'argento, grandi e pesanti. I bicchieri di cristallo, a calice, erano doppi solo per gli adulti. Noi bambini bevevamo soltanto acqua, ma con un'eccezione: ci era permesso intingere un pezzetto di pane nel bicchiere del vino rosso degli adulti, che ci iniziavano così al gusto dell'alcol, con spontaneità, perché in casa della nonna i due mondi, quello dei grandi e quello dei piccoli, erano vicini e comunicanti. La goccia di vermouth – di questo si trattava – era l'aperitivo che zia Maria ci serviva in un bicchierino apposito, per farci sentire importanti.

A casa della nonna ci sentivamo parte di una famiglia più grande. Il piacere della convivialità continuava oltre il pasto, quando, sparecchiata la tavola, si preparava la tombola su un panno marrone: giocavamo tutti insieme. La nonna distribuiva le cartelle insieme ai lupini – un legume oggi in disuso – che utilizzavamo per coprire le caselle dei numeri estratti. I premi in palio erano spiccioli, sistemati al centro della tavola: la moneta da cinquecento lire – argentata, pesante – premiava la tombola, ma noi facevamo festa anche a quelle più piccole da cento e da cinquanta, o alle più leggere da venti e da dieci che si vincevano con l'ambo. Terminavano troppo presto, le tombole della domenica sera, e lasciavano la leggera malinconia che accompagna la fine della festa.

Mi piaceva arrivare in anticipo dagli zii. Mi infilavo in cucina e osservavo da vicino. La cucina era sempre in ordine e pulita, l'atmosfera calma. Gertrude era regolarmente indaffarata a lavare l'insalata, tagliare le verdure, grattugiare il formaggio, mentre zia Maria, da vera regista, verificava la cottura della carne, mescolava il risotto, controllava la minestra. Era lei a preparare la crema di mascarpone, sia nella versione classica, con il cognac, sia nelle varianti con caffè o cioccolato, ma sempre montata a mano, con gesti lenti e sapienti, e poi lasciata in frigorifero a riposare prima di essere servita. Zia Maria assaggiava tutto: sapeva quale doveva essere il risultato finale. Se era soddisfatta, faceva un impercettibile cenno di assenso con la testa, altrimenti aggiustava il sapore con l'ingrediente necessario. Gertrude preparava i piatti da servire a tavola, in perfetta e silenziosa sintonia con la padrona di casa.

Zia Maria era morta da trent'anni quando Guido ha proposto di festeggiare il suo centesimo compleanno. Non è un paradosso, è il trionfo della memoria culinaria. Più potente di una fotografia, il cibo evoca le persone care che ci hanno lasciato e le fa rivivere. Abbiamo preparato insieme il menu, con scambi veloci di e-mail, e ciascuno ha arricchito il ricordo famigliare con un dettaglio.

Zia Maria non aveva mai avuto clamorosi festeggiamenti per il suo compleanno, l'avrebbero imbarazzata. Preferiva gli onomastici: ricordava quello di ciascuno di noi con preghiere silenziose. La celebrazione dei suoi cento anni sarebbe stata una cosa diversa: doveva essere una festa grande per rievocare tutto di lei.

La festa inizia alle sette di sera in casa di Guido, al primo piano di via Ippolito Nievo. L'appartamento si apre sulla grande sala dove ancora campeggia solenne il pianoforte a coda che zia Anna, sorella di zia Maria e madre di Guido, suonava con passione. È qui che zia Anna è vissuta con marito e figli per molti anni, e qui Guido è ritornato con la sua famiglia. La casa ha conservato la struttura di un tempo, anche se diversi sono l'arredamento e la distribuzione degli spazi. Sullo stesso pianerottolo si affaccia l'appartamento di Chiara, sorella di Guido, che vive nella casa che fu degli zii – diversa da com'era allora, ma sempre con il medesimo ingresso. Il senso della continuità e della comunità è forte nella nostra famiglia.

Arriviamo a gruppi, carichi di piatti, pentole, pirofile, bottiglie e pacchetti. È Renata, moglie di Guido, la regista della serata. Tovaglia e tovaglioli inamidati, piatti della festa, bicchieri di misure diverse – compresi quelli piccoli da vermouth –, ogni cosa è preparata con precisione. Il pranzo è in piedi, siamo più di trenta, ma ciascuno troverà un posto dove sedersi per indugiare nelle chiacchiere famigliari che possono durare all'infinto. Tutti aiutano: c'è chi riscalda i secondi, chi serve pietanze e bevande, chi cambia i piatti, ma è Renata ad amministrare la spensieratezza della serata.

Io, arrivata all'ultimo momento da Londra, ho contribuito con la bottiglia del vermouth preferito di zia Maria, che versava in piccoli bicchieri di cristallo all'inizio della serata. Anche ora, dopo tanti anni, quel vermouth conserva lo stesso sapore meraviglioso e rievoca il gesto sobrio e il sorriso complice di chi ce lo serviva.

Per celebrare la memoria di zia Maria, tutti i nipoti hanno cucinato i suoi piatti migliori. Tranne io.

In questo caso, del menu riporto solo il nome dei piatti, non le ricette:

MENU DEI CENTO ANNI DI ZIA MARIA

Affettati misti
Pâté con gelatina
Ravioli in brodo di carne
Manzo alla California con patate lessate
Saltimbocca alla romana con piselli alla salvia
Rognone trifolato
Frittura piccata
Lingua salmistrata con spinaci e purè di patate
Crème caramel
Veneziana con crema al mascarpone
Tenerelli (i cioccolatini fatti in casa)

Note per le mie ricette

Per cucinare le pietanze che compongono i menu alla fine di ciascun capitolo, è bene leggere queste brevi note che traducono in suggerimenti utili l'esperienza da me maturata in cucina.

Gli ingredienti

Legumi Lenticchie, fagioli e ceci sono migliori secchi. Fagioli e ceci richiedono tempo per il lungo ammollo e la lunga cottura, ma possono essere bolliti e congelati. Se ne cuociono almeno mezzo chilo alla volta (la pentola a pressione dimezza i tempi), si dividono in sacchetti di plastica da un etto circa e si congelano. Si conservano per almeno due mesi e con una leggera sbollentata sono pronti per l'uso. Le lenticchie, invece, non hanno bisogno di ammollo e cuociono in circa 40 minuti, dipende dalla grandezza e dall'età. Se non li si trova freschi, piselli e fave sono ottimi congelati.

Pomodori Quando non dispongo di pomodori freschi, scelgo quelli in scatola senza aggiunta di acido citrico. Hanno un gusto più dolce e naturale e sono sani perché privi di conservante.

I condimenti comuni

Sale Il sale troppo salato altera il sapore delle pietanze. Io utilizzo due tipi di sale: uno marino e uno di roccia (salgemma). Quello marino, che uso dappertutto, è un "fior di sale", che rispetta i sapori: è il primo dell'estate, affiora dai bacini di acqua di mare non ancora prosciugati. Il salgemma "grosso", invece, ha un gusto un po' più deciso e lo aggiungo all'acqua della pasta, a brodi e minestre, a pizze e focacce. Non uso il sale fino: nel processo di raffinazione diventa puro cloruro di sodio, troppo forte per il mio gusto e con una punta di amaro. All'occorrenza, pesto nel mortaio il fior di sale o macino il sale grosso nell'apposito macina sale/pepe, che porto anche in tavola.

Sale aromatico Con rosmarino, salvia, timo e maggiorana freschi, preparo un sale aromatico casalingo: frullo $1/3$ di erbe con $2/3$ di sale e lo lascio asciugare su un panno per almeno un giorno. Lo conservo in un barattolo di vetro; dura tutto l'inverno.

Pepe Utilizzo pepe nero – più saporito di quello bianco –, macinato al momento per conservarne profumo e sapore.

Olio Tra le diverse varietà d'olio extravergine d'oliva scelgo quello toscano, leggero ma saporito, a cui sono abituata fin da piccola.

Aceto Alterno l'aceto balsamico di Modena a un aceto di vino rosso di buona qualità, invecchiato, con un basso grado di acidità.

Le pentole

Pentole pesanti e coperchi trasparenti Nelle mie ricette utilizzo due pentole di acciaio inossidabile con fondo pesante, dello stesso diametro (22 cm) ma di capienza diversa: una, che definisco "pentola", ha una capacità di 5 litri, l'altra di 3, con un manico lungo, utile per le pietanze che necessitano mescolate frequenti. Le ho descritte come "pentola con manico".

Le mie padelle antiaderenti hanno il fondo pesante e coperchi in vetro che permettono di controllare le pietanze che cuociono a lungo senza scoperchiarle. Ne uso tre – una grande (28 cm), una media (24 cm) e una piccola (20 cm) – e nelle ricette le definisco secondo la grandezza.

I *coltelli*

Coltelli di acciaio I coltelli devono essere di buona qualità – in acciaio, pesanti e affilatissimi. Io ne utilizzo quattro, che affilo con l'affilatore in ceramica: uno grande, da cuoco, che uso per tutto; uno piccolo, per i lavori di precisione – pelare la frutta, eliminare i torsoli o pulire i gambi dei carciofi; uno seghettato per il pane – l'unico che non si deve mai affilare – e uno per sfilettare carne o pesce.

Il *coltello di ceramica*, di media grandezza, lo uso per tagliare erbe, verdura e frutta: non ossida e lascia intatti colori, sapori e profumi. Bello e delicato, non sostituisce il coltello di acciaio perché non è pesante. Maneggiare con cura: il coltello di ceramica resta sempre naturalmente affilato e se non si è abituati ai coltelli taglienti ci si può fare del male; inoltre, se cade per terra si rompe.

Gli utensili

Il *pelapatate* lo uso quotidianamente per pelare le patate e tutte le verdure, incluso il sedano. E vado oltre, taglio anche carote e piccole zucchine a strisce sottili, che si arricciano leggermente come nastri, da aggiungere alle insalate.

Passaverdura a mano Ho il modello di acciaio, con tre dischi di grandezze diverse. Per le minestre e le zuppe di legumi è impareggiabile: oltre a spappolare, separa la polpa dalle bucce – la parte più indigesta, soprattutto di ceci e fagioli – e ne consente l'eliminazione. Crea quindi una crema più morbida e leggera rispetto al frullatore a immersione, che si limita a frantumare tutto, senza distinzione.

Schiacciapatate È un utensile manuale a pistone. Lo utilizzo per fare il purè di patate, che il passaverdure – liberando l'amido del tubero – renderebbe colloso.

Il mortaio, ovvero il mixer manuale Un utensile antico e bellissimo, ancora molto utile perché non ossida. Ne ho due: uno grande e uno piccolo. Quello grande, in marmo scuro, lo utilizzo nella preparazione del pesto o delle salse a base di aglio. Nel mortaio piccolo, in ghisa, polverizzo le spezie, come zafferano e peperoncino essiccato, o il sale marino.

Tempi e misurazioni

Definisco "lunghe" le ricette che richiedono almeno un'ora tra preparazione e cottura. "Brevi" sono invece le ricette pronte in meno di un'ora.

Per "cucchiaio" intendo quello da minestra, mentre il "cucchiaino" è quello da caffè.

Indice dei menu e delle ricette

Ringraziamenti

Un libro a quattro mani è difficile sia da scrivere, sia da seguire editorialmente. Eppure noi ci siamo divertite, e tanto, scrivendo insieme nella cucina dell'una o dell'altra, bevendo caffè (Simonetta) e tè verde (Rosario) e, man mano che sfornavamo capitoli, gustando con identico piacere minestre (di nuovo Rosario) e resti riciclati (di nuovo Simonetta). Ci piacerebbe se anche i nostri editor, Alberto Rollo e Giovanna Salvia, si fossero divertiti quanto noi: il loro lavoro è stato lungo e complesso, e li ringraziamo per l'ispirazione, il rigore, la pazienza e la gentilezza – due veri rappresentanti del buon gusto nell'editoria.

E poi un ringraziamento in comune, con una tonalità (necessariamente) diversa.

Quello a Marco Niada – primo assaggiatore e giudice sagace dei piatti di Rosario, suo generoso complice nei convivi –, che a un ricevimento all'ambasciata italiana a Londra ci ha fatto incontrare.

Indice